商业表达力

SPEAK
TO
LEAD

刘哲涛 杨阳◎著

图书在版编目（CIP）数据

商业表达力 / 刘哲涛，杨阳著 . —北京：机械工业出版社，2025.3（2025.6 重印）
ISBN 978-7-111-74365-1

I. ①商⋯ II. ①刘⋯ ②杨⋯ III. ①语言表达—通俗读物 IV. ① H0-49

中国国家版本馆 CIP 数据核字（2023）第 229896 号

机械工业出版社（北京市百万庄大街 22 号　邮政编码 100037）
策划编辑：刘　静　　　　　责任编辑：刘　静　张　昕
责任校对：孙明慧　李小宝　　责任印制：任维东
北京科信印刷有限公司印刷
2025 年 6 月第 1 版第 3 次印刷
170mm×230mm・19 印张・3 插页・206 千字
标准书号：ISBN 978-7-111-74365-1
定价：79.00 元

电话服务　　　　　　　　网络服务
客服电话：010-88361066　机 工 官 网：www.cmpbook.com
　　　　　010-88379833　机 工 官 博：weibo.com/cmp1952
　　　　　010-68326294　金 书 网：www.golden-book.com
封底无防伪标均为盗版　机工教育服务网：www.cmpedu.com

FOREWORD 1 推荐序一

2015年12月31日,是我第一次做跨年演讲的日子。

记得当时公司还不到100人,而提前知道我登台后要讲些什么的人,不超过5个。无知者无畏,在"水立方",我穿着一身运动服,壮着胆子就这么讲了。回想起来,那是我决定做20年跨年演讲的开始,跟今天相比,一切都显得那么仓促。那次演讲结束后才过了一天,我惊讶地发现,网上出现了一篇传播很广的文章,将我4个多小时演讲的内容浓缩成几千字,让很多没时间看演讲的人,也能在短短十几分钟里了解我分享了什么。用一篇文章来沉淀内容、承接情绪、扩大传播,已经是今天所有大型演讲的标配,但当时第一个做这件事情的,不是我们自己,而是刘哲涛。

我心想,这是一个懂得用内容做传播的高手。

后来每一年的跨年演讲结束后,我都能看到哲涛的文章。有一年,我在他的公众号留言:"有本事,你也干 20 年！"他应允我，要一起努力。

再后来，他出来创业，我们有了很多合作。他连续 5 年为得到线下大课的老师提供支持，也成为得到 App 的合作讲师。我听到最多的大家对他的评价，是哲涛帮助他们做了一次更好的表达。哲涛也抓住这样的创业机会，帮助企业家、创业者、高管、IP 老师们去传播他们的认知和洞见。

他将自己多年的思考，总结成这本书——《商业表达力》。

翻开这本书，你会发现表达是有迹可循的，例如：

展现情绪：拉近距离最好的方式，是展示你自己。

统一立场：找到 Why，让你的表达与听众的利益相关。

种下心锚：为即将到来的改变，念一句"咒语"。

利他主张：把你要说的，变成他想问的。

……

表达这件事看似感性，但其背后的方法极其理性。

哲涛是学计算机的，理工科出身，在他看来，所有的表达都是可以提前思考、准备甚至计算好的。表达也可以有一套精密的逻辑和算法。当然，这些考量是对听众负责，是可以展现给所有人的"阳谋"。

当你需要一次表达的时候，本书会帮你建立影响力，让更多人因为你而发生行为的改变。在我看来，好的表达可以随时吸引你的注意力，给你带来灵感和启发。所以，本书你可以从任何一页开始阅读，也可以在任何一页结束阅读。

合上本书之后，带着书中的经验和方法，享受你人生的高光时刻吧。

罗振宇

得到 App 创始人

推荐序二 FOREWORD 2

我经常说,每个人都是自己的CEO。

如今,不管你愿不愿意,我们都被卷入了"一个人就是一家公司"的时代。我们的人生,就像是一家"无限责任"公司,需要自己经营、自己负责。

在商业世界中,为了让"自己"这家公司成长,我们会构建自己和社会的协作网络,打磨并销售我们的产品和服务,传递我们的主张和想法。在这个过程中,商业表达是绕不开的话题,也是我们必须掌握的一项技能。

为什么越是高层管理者,越擅长演讲?为什么几乎所有伟大的CEO,都是杰出的演说家?

因为商业表达,是一种超大功率、能够穿透人心的"广播式"沟通工具,也是一种能改变心智的影响力。

既然商业表达这么重要,那么这种能力是怎么得来的呢?

除了极少数有演讲天赋的人，其他绝大多数人都是通过后天努力习得商业表达能力的，都是从 0 到 1、从不会到会，一点一点训练出来的。

在高中的时候，我因学习成绩还可以，被邀请参加学校的辩论赛，作为第四辩手站在场上。那是我的第一场辩论赛，不负众望，我们赢了。但我却无地自容，因为整场辩论赛下来，我一句话也讲不出来。只是在团队起立与对方互道感谢时，我说了唯一的一句话——谢谢。

那场比赛之后，在很长一段时间里，每当我回想起来，心里都是满满的不甘、羞愧、屈辱。

我练习表达的方法，就是找来很多辩论赛的影像资料，反复观看，仔细拆解他们的每一个动作、每一句话。我会分析当时这个人为什么要站起来，他为什么要说这句话，这句话为什么能影响观众和评委。甚至，我还会模仿他们的动作和语气。

然后，我不停地报名参加各种辩论赛，参加各种演讲活动，希望每次的表现都能比上次好一点点，自己给自己复盘迭代。

我体会到，商业表达这项技能，"学"是学不会的，只能靠"练"。必须经过足够的磨炼，才能真正掌握。

后来商业表达这项技能，也一直陪伴着我，无论是在微软工作的时候，还是自己创业的时候，都给了我巨大的帮助，发挥了巨大的作用。

我深知商业表达的重要性，因此当刘哲涛邀请我写序时，我欣然答应。关于商业表达，我所讲的更多是个人的体会。但哲涛不同，他对商业表达这项技能做了系统的思考和研究。商业表达有一套底层逻辑，也有一套完整的体系。

本书所介绍的方法来自哲涛丰富的实战，他自己本身就是出色的演讲者。我也知道，他很大一部分工作就是帮助别人做好内容。

10 年前，我和哲涛相识，当时我在台上分享，他就坐在台下。分享结束后，我们互相加了微信，他分享了很多他的思考。

后来我做《5 分钟商学院》线下大课，我们又合作了 5 年。每堂大课都少不了哲涛的协助，我们经常连续通话几个小时。甚至有一次他去敦煌旅游，结果在酒店里和我打磨课件，没能赶上去看莫高窟，这还是他事后跟我聊起我才知道的。

这么多年过去，现在他将自己对"商业表达"的思考，总结成了一本书。我看完之后，有很多新的灵感和启发。我相信，当你需要做一次商业表达时，这本书也一定能够帮到你。

商业表达，"学"是学不会的，但书里的方法能帮你更好地"练"。然后，勇敢登台，享受一次商业表达。

刘润

润米咨询创始人、"5 分钟商学院"主理人、微软前战略合作总监

FOREWORD 3　推荐序三

我常常觉得，我是一个喜欢用图像来思考和表达的人。

在理解问题的时候，我的脑海里总会浮现出一幅画面，或一个框架。每当遇到新鲜事物，我会习惯性地将它们往这些画面或框架里装。如果装得下，就收纳起来；如果装不下，那就要调整画面或框架，即所谓的反思和调整思路。假以时日，这些画面和框架就会变得越来越清晰和扎实，当中的细节也会变得越来越丰满和鲜活，而且生活中偶然拾得的好东西也不容易被遗忘。

上课或演讲时，我也是按照这个方式来沟通的，我希望让听众也能形成跟我相似的画面或框架，从而帮助他们用经济学的思维方式来看问题。

例如，我在解释"成本决定论"和"供需决定论"的时候，我讲的故事是：我的一位开采石场的朋友，在采石场边上买了一块空地，但他把这块地闲置了，因为他的目的是阻止别人把这块地买下来开发成住宅区，进而避免将来有居民控告他的采石场扰民。

我要讲解的经济学知识点包括但不限于：

（1）购买这块地的钱，不是我朋友付的，而是最终消费者付的。

（2）这块地究竟应该用来盖住宅，还是该作为采石场的闲置配套来投入，从而最终为使用石头所建造的博物馆提供服务，不是我朋友决定的，而是最终消费者决定的。

（3）最终消费者，即居住在住宅区的人和参观博物馆的人，可能是两拨人，也可能是同一拨人。

（4）我的朋友只是一位隐形的拍卖者，他负责猜测最终消费者的偏好，如果他猜对了就得到奖励，猜错了就要接受惩罚，而这就是企业家的功能。

（5）这块地作为原材料的价格，是由最终需求者对最终产品的竞价所决定的，而不是由它本身具备的什么本质的价值所决定的。

（6）成本是放弃了的机会，如果只能有两种选择的话，那么造博物馆的成本就是住宅，盖住宅的成本就是博物馆……

一幅图可以包含千言万语。我总是叮嘱学生们："你们要牢记这幅图，只要想到这幅图，分析问题的要素和知识点就都清楚了。"

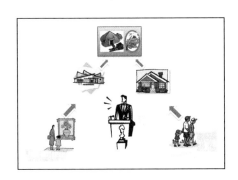

除了在课件里加入图像，我还常常在白板上随手作画。比如，在讲科斯定律的时候，我会在白板上描绘相邻酒店修建副楼的案例、火车喷出火星烧着亚麻的案例、禁烟的案例、醉驾的案例、水泥厂产生污染伤害邻居的案例、牛吃邻居小麦的案例，还有养鸡场发出臭味的案例。但是，由于我根本没有绘画技巧，所以我的板书常常会引起同学们的讪笑。幸好现在有了AI绘画，从2023年开始，我已经将许多令人啼笑皆非的白板画，替换成工整的彩图了。没想到的是，有老同学发来我板书的照片，说他们更喜欢我的涂鸦。我把两幅图放在这里，供各位评判。

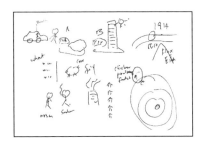

言归正传，我要说的是：在我心目中，刘哲涛老师是将思想转为图像的专家。每次要做重要演讲的时候，我就会想请刘老师帮忙，

而刘老师出手，效果自然不凡。遗憾的是，这样的机会只有几次，原因是刘老师不肯收我的钱，若按市价支付，我会觉得有点贵。当然，这正说明了刘老师的市场地位和价值。

现在，刘老师和杨阳老师出版了新书《商业表达力》，将他们长期从事商业演讲策划和培训的成功经验和盘托出。对于我这个习惯用图像来思考、渴望用图像来表达，并致力于在公开场合与人沟通的人来说，这是一个难得的学习机会。如果你也和我一样，那就让我们一起阅读和学习这本书吧。

薛兆丰

经济学者

FOREWORD 4 推荐序四

我一直以为自己是很擅长表达的人，做了这么多年组织健康顾问，几乎每天都在表达。但直到我遇到刘哲涛，看了他和杨阳合著的这本《商业表达力》，才意识到究竟什么是专业化的商业表达。

能为此书作序，我深感荣幸！

由于工作的原因，在阅读此书的过程中，我首先想到的就是组织里商业表达的典型场景——开会。

在辅导团队的过程中，为了提高会议的效率，我通常要求在周会上，每个人的发言尽量控制在60秒内。言简意赅，只说自己正在做什么，目前什么进度，遇到了什么挑战，需要什么支持和资源。60秒足够表达很多信息，但如果缺乏训练，60秒可能连铺垫都不够。

所以等会议真正开始后，几乎每个人都会回归人的本能反应，不自觉地疯狂输出，别说是60秒，常常五六分钟都说不完一件事。更令人惊讶的是，还有很多人的表达，是天上一脚，地下一脚，每句话都能听得懂，但每句话都不挨着。

究其原因，很大程度上是背后没有商业表达的框架。没有框架，就容易信马由缰，进入表达的自动驾驶状态，而这样的表达，其结果也是显而易见的。

在组织中，每一次沟通都是一次商业表达，都是为了完成目标、达成共识、争取资源。能不能清晰准确地表达自己的观点和诉求，是判断一个人是否职业和专业的重要标志。

在一个会议上，不仅下级对上级的商业表达需要练习，上级对下级的商业表达同样需要练习。上级练习什么？练习根据下属的表达给出反馈。

上级在会议上不是不会说，而是太能说，生怕自己说少了。他们担心下属听不懂，于是滔滔不绝地补充和解释，结果越说越多，最后变成了一个人的脱口秀。

对下属来说，这种商业表达太不友好，一个人说的话全是重点，就相当于没有重点，上级唾沫横飞了一两个小时，下属常常什么都记不住，也不知道下一步应该怎么做。

对上级来说，同样也需要"用户思维"，用户就是下属，根据下属的能力和状态，决定自己应该给予什么样的反馈。

这种精准、清晰、有效的商业表达，如何才能做到呢？

哲涛的这本书清晰表明了这样一个观点：精准、清晰、有效的商业表达，完全可以通过刻意练习习得，而且有很多简单有效的方法帮助我们学习。

在阅读这本书的时候，你会发现，哲涛和杨阳不是在高高在上地说教，而是像教练、朋友一样，会给你讲很多故事，拆解很多案例，分享很多经验，一步步指导你做好商业表达。需要我们做的，只是鼓起表达的勇气，迈出愿意改变的那一步，以及保持持之以恒的决心。

对我来说，这本书同样给予我巨大的启发。我在阅读过程中，勾勾画画了许多故事和对话，这些记录不断提醒我，这是一本值得精读的书。

我咂摸这些笔记的时候，惊讶地发现，这本书虽然名叫《商业表达力》，但是内容的深度远远超过"商业表达"的范畴，背后有许多关于商业本身的思考，甚至是关于人生的体悟。

我一下子想起来一句话，有人问：吹笛子的时候，到底是在用嘴吹，还是在用手吹？用力的地方是嘴，用脑的地方却是手；吹气重要，但指法更重要。

学习商业表达，也不是学习商业表达本身，而是学习其背后的思维模式，这也是这本书最大的价值。

刘向东

组织健康顾问

前言 PREFACE

在过去几年里,我几乎每周都要花超过40小时,去帮助人们做好商业表达。他们是各行各业里形形色色的高手,大多是初创企业或成熟企业的创始人、中高层管理者。我近距离看到过他们无数次的困顿和迷茫,也经常被他们闪着光的眼神点燃。

今天的我,是一名商业表达顾问,帮助别人塑造价值、交换资源,从关键汇报、销售提案、文化激励,到融资计划书、产品发布会……经历的项目越多,越能感受到表达给这个世界带来的价值。

表达需要天赋吗?至少在我看来,还不到拼天赋的程度。它是一种可以快速习得和日益精进的能力。你可能想不到的是,10多年前,我在三四线城市的一家互联网金融公司工作,那时的我不需要成天跟人打交道,每天待在计算机机房里,重启服务器、修修电脑……一次特别偶然的机会,我看到了乔布斯的演讲,看着视频里乔布斯兴奋地演示着无比新奇的iPhone,我想:同样是理工男，为什么乔布斯就可以把一件复杂的事讲得如此优雅动人，而我不行？

乔布斯用那场演讲，亲手拉开了移动互联网的巨幕，也改变了我的人生轨迹。在随后的10多年里，我在演讲表达、沟通谈判等方面做出了自己的努力和探索。

在大型发布会和大屏传播盛行的时代，我参与过国内最大型的演讲的幕后工作，比如罗振宇的《时间的朋友》跨年演讲、吴晓波的年终秀；为薛兆丰、刘润、香帅等知名老师提供过课程支持；还为腾讯、阿里巴巴、奔驰和肯德基等多家《财富》世界500强企业和知名公司提供过培训和咨询服务，将自己的创意融入它们的企业文化和工作报告。

我创办的公众号"刘哲涛"，吸引了10多万位朋友的关注。表达，是我跟这个世界高效联结的方式。

正因为曾经的互联网行业从业经历，我坚信所有好的表达，背后都有一套"算法"，有着严密的、环环相扣的逻辑体系。与绘画、雕塑、音乐等艺术形式一样，"表达"背后的思考逻辑可能极度理性，但最终展现给听众的却是非常感性的。

你在这本书里将会收获什么？首先是"表达的方法"，它是一个线性流程，也是一套思考体系。我把我的经验按重要程度排了序，你只需要把本书从头看到尾，掌握底层思维和关键步骤，最终就能提升表达力。

其次，你会获得一个"表达的清单"。毕竟，表达这件事需要我们照顾到太多情况、太多细节，而这份清单可以帮你检验自己的表达是否考虑全面、能否做得更好。无论是一次公开发言、一场工作汇报、一次知识分享，还是一次咨询、一场谈判，甚至是销售产品……我相信这份清单都能让你受益。

如果你此时此刻有亟待解决的表达难题，可直接翻到本书的最后一节，获得关于表达的场合、底层能力和关键环节方面的建议。在本书中，我为你准备了丰富的案例和实操方法，你完全可以把本书当作工具来用。期待我的经验可以变成你思考体系的一部分，跟你一起迎接人生中的每个高光时刻。

我们的每一次表达，从构思到收集素材，再到最后登台，整个过程就是在想清楚、做明白下面三件事。

（1）为什么表达：向内看，找到你想说的话。

（2）怎么去表达：向外看，让听众被你影响。

（3）做什么准备：向前看，去享受一次表达。

这就是本书要逐一展开的三个模块。来吧，我们现在正式开始探索。

ABOUT THE AUTHOR 作者声明

本书是由两位作者合作撰写的，一位是我，另一位是我的妻子杨阳。从 2016 年我开始创业起，我们就经常交流、探讨有关"表达"的话题，并且书中的很多故事、项目也是我们两人的共同经历，很多经验总结也是我们通过一次又一次讨论互相激发得出的。2020 年，我开始围绕"商业表达力"这个主题写书。在写作过程中，她带给了我很多观点上的碰撞，帮助我丰富了案例，也提供了更多读者视角的建议。这些让本书得以以今天的样子呈现在读者面前。

为了让你阅读更加顺畅，更易理解案例观点，在本书中我们有时以"我"的视角和口吻来叙述。但不管怎样，本书都是我们两个人共同努力的成果。

目录 CONTENTS

推荐序一
推荐序二
推荐序三
推荐序四
前言
作者声明

第一模块：我们为什么表达

第一章｜视角：共情，让听众走进你的世界	3
自我视角｜我们身处的时代，鼓励个人化表达	3
展现情绪｜拉近距离的最好方式，是展示你自己	5
亲历视角｜平淡无奇，是因为你需要一次"时空穿越"	8
身临其境｜穿越回情绪源头，放下全知全能	12
案例分析｜让你亲历的精彩，为人所知	14

第二章 ｜ 立场：共识，源于统一的利益关系　　19

找到理由 ｜ 同人不同命？不要放弃你的解释权　　19

统一立场 ｜ 找到 Why，让你的表达与听众利益相关　　23

利他主张 ｜ 把你要说的，变成他想问的　　27

洞察先行 ｜ 说服的最高境界，是引领思考　　32

认知协调 ｜ 达成共识的关键，是获得承诺　　37

提问引导 ｜ 好的提问可以引导话题，摆脱负面情绪　　41

案例分析 ｜ 找对"话题"，你就成功了一半　　46

第三章 ｜ 情绪：影响他人，从触动情绪开始　　54

底层动机 ｜ 难忘的人，一定给过你特别的"情绪"　　54

情绪驱动 ｜ 相同的事实和道理，却有不同的"情绪"　　58

使命召唤 ｜ 是什么让你愿意不断努力，成为更好的自己　　64

坚定真诚 ｜ 剥离情绪的表达，不会让你显得更专业　　68

正向暗示 ｜ 情商，就是处理"差异"的能力　　71

提出建议 ｜ 记住这三句万能管理沟通口诀　　76

拥抱紧张 ｜ 紧张的情绪，有时并不需要被"克服"　　80

案例分析 ｜ 能被感知的价值，才是真正的价值　　84

第二模块：我们怎么去表达

第四章 ｜ 预期：搭建结构框架，洞悉人性，直指人心　　95

信息结构 ｜ 顺应听众思考，找到内容的相关性　　95

促成改变	过不好这一生，是"道理"的问题吗	104
切入反常	没有反常的表达，只是正确的废话	108
营造向往	最动人的激励，是"你希望成为什么人"	113
看见损失	行业之光苹果，为什么会被小白群嘲	119
接受容易	再远的路，也可以拆解成每一步	124
案例分析	怎么找到你结构框架里的"第一个问题"	129

第五章 | 故事：植入观点，把结论藏进经历　137

表述观点	没有故事的价值观，只是无聊的说教	137
素材灵感	讲出曾经影响过你的"关键时刻"	142
生动演绎	事实-感受-评价，三位一体的演绎法	148
商业故事	带领听众一起，打破人心和认知的边界	153
案例分析	几个让我记忆犹新的好故事	159

第六章 | 虚实：打造记忆点，真实具体赋予意义　166

真实具体	"你知道的"和"你以为他知道的"，是两件事	166
成为第一	瞬间占领听众心智的最佳捷径	170
赋予意义	"你学的不只是表达，更是美好人生算法"	174
种下心锚	为即将到来的改变，念一句"咒语"	179
凝聚共识	让使命、愿景、价值观，触手可及	183
案例分析	把未知变成已知，需要统一的度量衡	189

第三模块：我们要做什么准备

第七章｜传播：为一次表达，加入爆款基因　　　203

听觉之锤｜提起一部电影，你先想起情节还是角色　　　203

金句节奏｜不是所有的"名人名言"，都叫金句　　　208

二次传播｜爆款的背后，是将传播变成了解决方案　　　214

成交演讲｜销售转化的关键，是放大信任、升级需求　　　219

第八章｜演练：台下万全准备，台上举重若轻　　　227

设计开场｜掌控演讲开场 5 分钟，你就成功了一多半　　　227

讲稿提词｜做万全准备，却视之浑若无物　　　234

现场互动｜好的互动，是"你想到了，我还没说"　　　239

段子调侃｜幽默的来源，是预期的合理错配　　　243

舞台台风｜百般演练，不如提前录制视频　　　250

网红思维｜怎样提升视频表现力和感染力　　　254

第九章｜行动：刻意练习，从现在开始　　　261

刻意练习｜让你表达精进的 3 个必经阶段　　　261

现在出发｜从几个小目标开始，踏上你的表达探索之旅　　　265

第一模块

我们为什么表达

01 视角　**02** 立场　**03** 情绪

第一模块
我们为什么表达

你是否有过这样的感受：面对一场重要的演讲，内心的恐惧和紧张远超对登台的期待，恨不得拉别人来顶替。是你天生怯场、不善表达吗？紧张只是表象。为什么有些人能把紧张化作兴奋？真正的原因，是他们有强大的驱动力，知道自己为什么表达。

厘清为什么表达，就是我们在准备阶段最先要做的思想建设，目的是让自己拥有强大的"心理能量"。

"心理能量"，指的是驱动一个人完成某件事的"心力"。这个词来自我非常尊敬的老师梁宁。她问：著名教育公司新东方盛产英语名师，这些名师的核心技能是什么？很多人觉得是讲英语语法，但梁宁不这么认为，她说："讲语法"大家都差不多，新东方老师的独家绝活儿其实是"讲段子"。因为只有讲段子，才能让同学们坦然面对"学英语"这么"反人性"的事，才愿意步步向前、持续努力。

这些段子，就是在帮同学们积蓄学习的"心理能量"，可能比那些语法、知识、干货……重要多了。

梁宁老师的思考，给了我很大启发。我重新思考了"表达"这件事，表达同样也是"反人性"的，太多人害怕向别人袒露自己的想法。心理能量耗尽、战斗意志消散，一场战斗也就宣告失败；正如一个人打算跟别人讲点什么，可一旦心理能量不够，没出招就已经输了。

表达的心理能量从哪里来？如果只去想大目标，比如公司战略、项目意义等，我不确定这些会给你带来多大的能量，但是带来的心理压力肯定是巨大的。怎么办？给你一个新思路：袒露情绪，做回自己。这也是我最想在第一模块跟你聊的话题。

高手与一般人的差别，就是抓的要点不一样。当我们准备演讲的时候，往往想的是怎么搭结构、理逻辑、说重点……不可否认，这些都很重要，但在我看来，最重要的，其实是推动你不断前进的心理能量。

我相信，只要你稍微转换视角，重新理解表达这件事，就能做到勇敢表达、享受表达。源源不断的动力有了，路还会难走吗？

视角

共情，让听众走进你的世界

第一章

自我视角：我们身处的时代，鼓励个人化表达

> 这个时代最好的表达，
> 就是脱下职业和角色的外衣，
> 做回自己。

什么是"个人化"的表达方式？就是常说的"说人话"：越是大道理，越要落到细节，才能讲明白。

从前接触的主旋律影片，几乎都会有几个固定元素，比如不会犯错甚至不会犹豫的英雄、硝烟四起的战火交锋、扭转局势的关键一刻……虽然我也热血澎湃，但终究感觉这是在用公式和传统印象刻画人物，陷入了"脸谱化"的表达方式。直到一部电影的出现，让更多人意识到：英雄也是一个个像你我一样的普通人。在我看来，这部电影是家国情怀电影的转折点，展现了新的叙事模式。

它就是《我和我的祖国》，描述的还是大时代、大背景，却巧妙地着眼于小人物，细致生动，让观众更有代入感。我们对美好品行的

向往从来没变，但今天，歌颂它们的方式变了。

比如，怎么把观众带回1949年的开国大典？通过一个有血有肉的工程师（由黄渤饰演），他有习惯的小动作，一口方言；他害怕登高，却在寒风中爬到了旗杆顶端解决升国旗的技术问题；他站在伟人身后，在最神圣的时空见证了历史。

怎么让观众的思绪重回2008年的北京奥运会？通过一个出租车司机（由葛优饰演），平时油嘴滑舌不靠谱，对家人不负责也不讨喜，但他却把难得的奥运会开幕式门票送给了来自汶川的孩子。

观众对角色的最高评价，就是有血有肉。我们跟随这些小人物的视角，体会他们的喜怒哀乐，看到时代的沧桑变化。

与"个人化"的表达风格相对的，是"职业化"和"角色化"。小时候，我懵懂地认为：判断一个人的形象和性格，就要看他的职业，如警察叔叔肯定是高大威武，眉头紧锁、不怎么爱笑的……对职业和角色的刻板印象延续至今，影响了我们日常的表达方式：投资人，特别理性甚至不近人情；教师，无私、慈爱；运动员呢，拼搏、刻苦……这同样也是"脸谱化"的表达方式。

对品行几乎无可挑剔的人，我们更多的是尊重。而今天，跳脱出刻板印象的人，受到大家喜爱，比如你脑海里一定也冒出了一些段子手一般的老师、幽默风趣的运动员……当下我们身处的时代，也在不断鼓励你脱下职业和角色的外衣，做回自己。

为什么我要在一开始探讨"自我视角"？因为我期待你能最先突破表达的心理关。羞于表达是我们这代人的普遍问题，其中一个重要的原因是很多人认为表达时不能"做自己"，应该"端着"。实际上，只要做回自己,你所担心的紧张、不适……都会得到极大消解。你会发现不论面对谁、对多少人讲话,都不再是难事,每次表达就像聊天一样轻松。

稍加练习,你还会发现:如果擅长"做自己",你每次表达的说服力与亲和力都会发生质的飞跃。

> **马上就练**

你要怎样向大一新生推荐你的工作或专业?想象以下两个场合:

第一个场合:你接受母校邀请,面对几百名新生,在礼堂里怎么讲?

第二个场合:面对的新生是你堂弟,周围还有几个亲戚,在客厅怎么讲?

改变表达的习惯并不容易,但也没那么难,即便你身处礼堂,也可以试试用在客厅聊天的方式。思考一下:亲朋好友间的对话和那种"端着"的演讲,有什么不同呢?

展现情绪:拉近距离的最好方式,是展示你自己

为什么朋友间的相处让人心生亲切?
因为我们看得到、看得懂彼此的情绪。

第一模块
我们为什么表达

影响力大师罗伯特·西奥迪尼在他参著的《细节》里，提过一个例子：一位专家，用犹豫、不确定的口吻说出观点，效果居然要好过笃定、强调的表达方式。想象这位专家在你面前，他说的哪句话听上去更可信：

- 我在这家餐厅吃完晚饭后，非常肯定地给它打四星。
- 我只在这儿吃了一顿晚饭，所以也说不好，但以目前的体验来看，我会给这家餐厅打四星。

他犹豫、不确定的口吻，更像是朋友间的谈话，比起维持专业姿态，要更容易获得信任。这两种有什么不一样？为什么朋友让我们顿感亲切？因为我们看得到，也看得懂彼此的情绪。

让人心生亲切的表达，就是坦承自己当下的情绪和情绪变化，把最真实的一面展现给听众。听众能走进你的情绪状态，自然听得津津有味。类似的例子在生活中经常看到，比如我们打算理财，大部分销售是这样介绍的：

先生你好，这款理财产品的收益率是多少多少……它的风险怎样怎样……

这种介绍方式就是职业化的，没有情绪变化，极有可能不如代入"情绪"的介绍方式受人喜爱，比如：

先生你好，强烈推荐这款产品，我向家人、亲戚也都是这么建议的，因为……

似乎不职业，却有效。哪怕你知道这是对方设计好的话术，也依然看得出情绪状态——因为对方是一个生动的人，进而心生亲切。情绪的起伏，能引发听众的好奇本能：好吧，我想听你聊聊"强烈推荐"的理由。

一个顶级销售，先是一个有血有肉的人，不是一个信息板、提词器；有自己的思考，有真实的社会关系和具体诉求。所以本书给你的建议是：只展现信息、意图是不够的，还要展现情绪甚至你的行为模式、心智模式，要让对方迅速知道你是怎么想的、怎么做判断的，向对方展示你是怎样的人。

我们常说的"以客户为中心"，就是我们要设身处地、想办法代入客户的情绪。回想你身边那些讨人喜欢的朋友，是不是也都擅长展现情绪？用自己的情绪推动他人的情绪，就是我们常说的"共情"，主动坦承情绪和情绪变化，是最快拉近与听众的距离的方法。

看到了自我视角，问题又来了：怎么才能做自己，并且让听众迅速感觉到呢？先告诉你两个表达的视角：一个叫作"亲历视角"，这是我们努力的方向；另一个叫作"上帝视角"，我们应尽量避免。

宏大叙事，是我们在表达中最容易犯的毛病，是典型的"上帝视角"，感受下：

我们必须要用一两年时间，取得人家十几年甚至上百年的成果。时间短任务重，但骄傲的是我们做到了！

这段话，出自我曾辅导过的学员。他是一名水生态环境工程师，他说自己是"治臭水沟的"，我们亲切地叫他"河神"。河神写报告挺拿手，但对公众演讲几乎一窍不通。采用"上帝视角"，就像一个已经全知全能的人，站在"今天"看待"以前"发生的事。这种表达不接地气，离听众很远，看似设置了悬念，实际不会让人觉得好奇……不但不会让人激动，反而会让人有种"就你能"的感觉……

仔细想想，这真的是大多数人平常写报告时都会踏足的误区。而让这段话焕然一新的，就是视角转换。怎样让这段话具备"亲历视角"？只需要找到几个关键情绪点，下节为你揭晓。

马上就练

本节我们聊的是进入自我视角，要主动告诉听众你的情绪和情绪变化。给你一个最简单的上手方法：在表达中加入3个字——"我在想"。

- 看到公司的新战略，我很激动，但也有点疑虑，我在想……
- 记得第一次见小张，我在想怎么感觉他这么难接近，后来……
- 听完老李的讲话，这个观点让我印象最为深刻……我在想……

如果你能很自然地加入"我在想"，就能在不知不觉间为表达加入情绪和情绪变化。

亲历视角：平淡无奇，是因为你需要一次"时空穿越"

进入亲历视角，
回到情绪产生的那一刻，

去阐述情绪产生的原因。

拿到河神的稿子,我挺发愁。你能想象满屏术语的年终总结气质吗……但最终结果却值得我吹一辈子——"死磕"半个月,河神这个演讲纯"小白",登上了面对3000人的演讲大舞台。

特别说明,河神的演讲内容是典型的商业故事。演讲结束不久,他便迈出了创业的关键一步。用他的话说,这是之前想都不敢想的、终生难忘的一场演讲。

准备演讲的那半个月,我一直尝试调整他的表达习惯,把他平时特别容易陷进去的"上帝视角",转换成亲历视角。怎么做呢?也不算难,具体分两步:

第一步,在一段"上帝视角"的话里,找到带有情绪的词;

第二步,进入场景,穿越回到这些情绪产生的那一刻。

第一步:找出带有情绪的词

再看一遍前文那段话,哪些词背后有情绪?

我们必须要用一两年时间,取得人家十几年甚至上百年的成果。时间短任务重,但骄傲的是我们做到了!

最容易发现的带有情绪的词,是"骄傲",除此之外,还有吗?"时间短任务重"——"时间这么短,任务这么重",背后肯定不容易;再仔细琢磨,"必须"这个词,也有那么一点"咬牙切齿"的情绪。"时间短任务重""必须""骄傲",我们把带有情绪的词先挑出来。

第二步：回到情绪发生的那一刻

亲历视角，就是站在情绪发生的那一刻，去阐述情绪发生的"原因"和"过程"。我问河神：你在哪一刻意识到"时间短任务重"？你的情绪是在何时何地产生的呢？他努力回想后，把稿子改了改：

2017年的一天，公司突然召我回深圳。一下飞机，我就被同事拉到一条河边，他摊开一张图纸，指着一条河的标志对我说："接下来，咱们的任务就是把这条河的黑臭消灭掉。"我跃跃欲试，因为改善这条河能造福50万居民。

这时，同事轻轻提醒我："给咱们的时间不多了，要在两年内完工……"我一下就懵了：两年？怎么可能！同样的问题，英国要治理10多年！

回到情绪发生的那一刻，进入了那个时间空间的真实场景之中，很自然地就说出了情绪发生的"原因"和"过程"。这就是亲历视角，听众随之被带进情绪，仿佛历历在目。

没有谁的情绪是无缘无故产生的，让听众理解你情绪的原因，就像是向他发出了真诚的邀请，带他顺着你的视角进入你的生命片段，你们的关系也就更亲密了。

下一个带有情绪的词是"必须"，来自河神接到的"军令"：

深圳政府下决心改善环境，3年内消灭全市所有黑臭水体，这看似不可能完成的任务，我们咬着牙也要完成，必须完成！

最后一个，成功后的"骄傲"呢？

两年时间很快过去，9月底去河道做了第3次水质采样，看到结果的一刻我们无比自豪。这条清澈的河道，是在国庆节献给祖国母亲最好的生日礼物！

河神的所思、所想、所感被展开之后，相比原本冷冰冰的一句话，亲切细腻了太多，你是不是感觉他的形象一下立体了？这些变化都源于视角的转换。亲历视角，就是把情绪产生的原因和过程告诉你的听众。

接下来介绍3个亲历视角的表达方法——进入场景、放大感受、隐藏信息，并通过几个案例继续梳理强化。

马上就练

回想一下，你最近有没有过情绪波动？能不能把这个情绪讲出来？可以试试下面几个角度：

- 情绪产生前，你处于什么状态？
- 情绪产生时，你想到了什么、做了什么？
- 情绪产生后，你发生了什么改变？

情绪不用起伏很大，关键是被情绪触发之后，你有什么不一样。

身临其境：穿越回情绪源头，放下全知全能

进入场景、放大感受、隐藏信息。

怎样掌握"亲历视角"的表达方法？我归纳了其中的3个方法。

1. 进入场景

穿越时间回到过去，穿越空间回到情绪发生的地点。

时间、空间是"场"，情绪互动是"景"。进入场景，就是不光要告诉听众发生了"什么"，还要告诉听众这一切是"怎么"发生的、在"哪里"发生的。动人的表达，要站在当下说当下。

河神把接到任务的缘起和完成任务的喜悦，放进了两个场景：两年前在河边看地图和两年后验收水质。进入当时的场景，是让自己拥有"亲历视角"的第一步。

2. 放大感受

有情绪波动的时刻，一定藏着非常好的故事素材。用对话、动作、心理活动，把它展现出来。

还记得我们的做法吗？先在一段话里，找到重要情绪点，再问问自己，这些情绪是怎么发生的，用当时的心路历程，来叙述情绪发生的经过。如果你已经成功"穿越"，那接下来的人物对话、动作、心理活动……一切都会随着情绪自然流淌。

拉近你和听众的距离，就要向他们袒露你的真实感受。放大当时的感受，完善对话和心理活动，让听众拥有你的视角，跟着你一起进

入场景。一下飞机、拉到河边、摊开地图……有了这些细节和动作，也就拉着听众一起经历了你的人生。

3. 隐藏信息

隐藏部分信息，就是制造悬念。

怎么才能避免"上帝视角"？就是不要站在"今天"去说"过去"。如果站在今时今日，看待已经尘埃落定的往事，一定索然无味。回到过去、回到茫然无措的状态下，袒露当时所思所想，才能让演讲充满悬念。

如果不知道谜底，听众会做何反应？你假设自己回到了2017年，下了飞机，站上河道，看了地图……未来会怎样？任务完成了吗？一切充满了悬念，因为你对未来提心吊胆又一无所知……当时的你，面对无数的命运分岔口，听众也就会跟着你一起体验喜怒哀乐，体会你经历的种种：你选了哪条路？你为什么做出这个选择？你到底成功了没有？

总结一下，进入亲历视角，可以让表达脱胎换骨，变得生动。在使用上述3个方法时，有3个需要注意的原则。

①进入场景：进入情绪发生时的场景；②放大感受：用对话、动作、心理活动展现关键情绪；③隐藏信息：站在当下说当下，站在现在说现在。

我想你已经找到感觉了，在这部分内容的最后，我们再来看一个案例，这次你肯定能用好这3个方法，让表达生动起来。

> **马上就练**

感受下面这段文字：

"当我带着课程走进企业推广时，才真正知道这件事有多难——半天时间，我拜访了7个部门，没有一个部门要我的课！死磕第8个部门时，终于敲开了一扇门！"

怎样进入场景、放大感受、隐藏信息，让这段话更有感染力？穿越回哪个场景更好？可以放大什么感受？制造什么悬念？

带着你的思考，咱们看一个案例。

【案例分析】让你亲历的精彩，为人所知

> 最牵动人心的，
> 往往不是最正面或最负面的时刻，
> 而是最纠结的时刻。

在过去几年里，我结识了很多厉害的朋友，他们在各行各业取得了不容忽视的成绩。其中，有一位奇女子，她叫何叶。

何叶奇就奇在不走寻常路，她先后辞掉在媒体和互联网的工作，非要把"职业装美学"当成事业；十几年过去，硬是凭一己之力，从无到有在市场上撕开一道口子。称她是行业的颠覆者和领路人，一点都不夸张。这条路并不容易，她在回忆拿下第一个客户的艰难时，说过这么一段话：

当我带着课程走进企业推广时,才真正知道这件事有多难——半天时间,我拜访了7个部门,没有一个部门要我的课!死磕第8个部门时,终于敲开了一扇门!

通过这段描述,你可能已经体会到了她的艰难。作为演讲教练,我的任务是让她的表达更加动人。现在把这个任务交给你,你能不能用前文提到的3个方法——进入场景、放大感受、隐藏信息,帮她从"上帝视角"转换到亲历视角?

首先,把她的经历放进具体场景。何叶的例子里情绪点很明确:沮丧—倔强—成功……一个重要的提示:<u>最抓人的情绪,往往不是最正面的、最负面的,而是最纠结的。</u>

如果你是何叶,哪一刻最纠结?我想是忐忑不安地站在第8个部门门口的一刻,因为已经连碰了7颗钉子、被7个部门拒绝,还要继续敲第8扇门吗?不服、不忿、不安……复杂的情绪纠缠在一起,发生着激烈的反应。

找到了关键时刻,那就带听众走进当时的场景吧!我让何叶认真回忆,穿越回即将直面第8个部门负责人灵魂拷问的那一刻。放大这份情绪和感受,把这段经历用对话、动作、心理活动展现出来。

何叶很快进入状态:

部门负责人还挺客气:"感谢何老师,但我们真的不需要,请回吧。"

可门店是窗口,怎么会不需要形象礼仪呢?

部门负责人耸肩一笑:"我们也上过不少礼仪课,教的都是怎么弯腰、怎么微笑……门店的事，你们搞不定。一句话没说好，就可能导致矛盾升级。你们是没见过理赔客户直接带着一帮亲戚堵到店门口的场面，你跟他们微笑有用吗？"

我一听，头脑飞速转动起来：带人堵门是极端结果，我可以提前掐断矛盾导火索啊！很多冲突，可能就是从一个眼神、一个语调开始的，这种非语言沟通，威力更大。

只要回到当时、进入亲历视角，冲突感立刻扑面而来。我要提醒你的是：如果想要更好地还原当时的场景，要多用动词、名词，少用形容词。因为形容词会覆盖掉精彩的细节，使得表达缺乏戏剧感和反差张力。直接告诉听众"经理礼貌的表象之下，透出掩藏不住的轻蔑"，就不如用"耸肩一笑"加上二人的对话，生动自然。

当然，在何叶表达的过程中，一直隐藏着关键信息，埋下重要悬念：她到底有没有成功？好吧，她肯定成功了，可我们也会关心她究竟是怎么说服对方的。何叶之前的表述，只是告诉听众她"做到了"什么，修改后，加入了丰富的细节，使听众身临其境，更让人信服。

看完了何叶的案例，你还担心满肚子话说不出来吗？我们之所以在这本书的最开始探讨"自我视角"，就是希望你能打心底里不再认为表达是件很难的事。

心理学为"共情"做了定义：感其所感，想其所想。怎样做到与听众共情？不要基于你的角色和职业去沟通，更多的时候要做回自己，展现情绪和情绪变化；放下全知全能的"上帝视角"，转换为亲历视角，进入场景、放大感受、隐藏信息。

表达不难，先学会做自己，希望你在第一章的案例中，逐渐找到感觉，获得更多勇气。

本章小结

我在构思这本书的开篇时，曾经很认真地思考过一个问题：在表达这件事上，重要的是做自己还是迎合听众？我想你肯定听过"要以听众为中心"。这句话很对，可在我帮助过的那么多人里，他们不缺服务听众的心态，却少了"做自己"的方法。

光有自我视角，可能还不能成就好的表达。我们当然不能太过自我，只凭自己的好恶，随心所欲地只讲自己喜欢的话题。一次好的表达，还需要尽快与听众建立关联，让他们感觉到重点并迅速厘清条理。

尤其需要关注的，是和听众统一利益关系。如果利益关系没能统一，大家的观点和行动肯定也不会统一。怎样与听众迅速建立关联，统一立场，这是我们在下一章继续探讨的话题。

自我视角

从"上帝视角",到亲历视角

亲历视角

站在当下说当下
站在现在说现在

进入场景

回到情绪发生时,阐述情绪

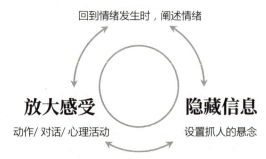

放大感受
动作/对话/心理活动

隐藏信息
设置抓人的悬念

展现情绪

坦承情绪和情绪变化

"上帝视角"

站在现在说以前

立场

第二章

共识，源于统一的利益关系

找到理由：同人不同命？不要放弃你的解释权

表明你的"理由"，
是听众听你说话的动力，
也是你对于内容的解释权。

如果在上一章里，我们回答的是"能不能说人话？"的灵魂拷问，那么在这一章，我们试着回答的"扎心"问题就是"你讲的关我什么事？"。我们不愿被强按在椅子上浪费自己的时间，更不愿成为台上那个看似威严，实则煎熬的表达者。

我将用整章内容，教你抓住听众的注意力，给听众一个持续听你讲下去的"理由"。这个"理由"，是听众听下去的动力，也是你对于内容的解释权。

这个"理由"有多重要呢？大概 10 年前，我还是一名移动 app 产品经理时，常跟程序员兄弟打交道，我很喜欢他们直来直去的性格，可每次跟他们开会都觉得吃力，主要是我真听不懂他们说的专业名词。在跨部门会议上以及向大领导汇报时，他们的表达方式尤为吃亏：

老板你好，这半年来，我们开发了8大系统，上线了79个新功能，响应了228个需求，写了19万行代码，改了大大小小总共1000多个bug（程序错误）……

如果你是老板，听不听得下去呢？有点难，因为既听不懂，也觉得好像跟自己没什么关系。这就是我们最常见的汇报模式，台上的人拼命告诉你他"做了什么"，我称之为What模式。

What模式最大的问题在于：哦，我知道了，可这关我什么事呢？更惨的是，What模式很容易让听众误会。我当时眼见老板面沉如水，但他心里可能正嘀咕着：

好啊你们，每天看上去挺忙，这么多bug是不是因为你们写代码的技术不过关？

同样的工作汇报，更好的表达方式是什么？我们IT部门的负责人，是这样开始一次汇报的：

老板你好，通过IT部门半年的努力，公司的信息系统达到业内领先水平，为接下来的金融创新提供了有力的支持。这半年我们做了这几件事……（见图2-1）。

先说原因、目的、动机，再说具体做了什么，我称之为Why模式。体会一下，老板为什么听这次汇报？不是想知道你干了多少活，而是想知道你为公司解决了什么难题，公司有没有因你的努力而变好。他可能不想深究什么需求、代码、bug……但他能感知到的价值，是要安全、要超前。你做了什么不重要，他为什么听你讲才重要。

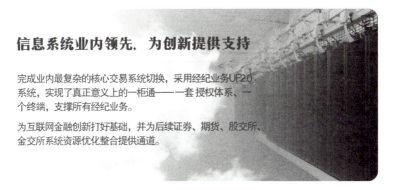

图 2-1 汇报 PPT 示例

为什么 What 模式的沟通，容易让听众感到索然无味甚至对内容产生误解？因为 What 模式强调"做了什么"，是信息的罗列和堆叠。为什么在一次表达的开始，必须先找到驱动表达的那个"Why"？因为 Why 是对接下来内容的解释权，是对方听你讲的理由。

先说明白"为什么而做"，听众跟随表达者起心动念，也就进入了他的话语领域。

Why 是原因，是目的，是动机。很多时候我们是否支持一个想法，是否会产生行动，看的不是做了什么，而是为什么而做。

如果未来几年，我要买一辆电动汽车，我可能会选择华为、小米，看似是在选车，其实选的是背后的创始人。展现 Why 远比展现 What 更加重要，很多时候，人们不会因为你"做了什么"而支持你，但会支持你的动机、价值观。

改 bug 是写代码技术不行，还是项目精细化管控所需？一家车企到底是跟风画饼，还是行业之光？你定下基调、讲好 Why，才能引导听众产生不同的理解。否则，要么听众自己去找 Why 而可能会错意，要么听众找不到 Why 而进入了神游状态。

接下来将介绍如何迅速找到与听众共鸣的 Why，让他感觉到你正在说的这件事跟他密切相关。

马上就练

在此给你一个万能公式：如果你想怎么样，你就要听我讲；如果你不想怎么样，你也要听我讲。

我认识一个朋友，他专门做那种特别文艺的摆件，格调很高。他在分享行业心得时，是这样开场的：

"你平时喜不喜欢用这种文艺范儿的装饰品呢？如果你喜欢，你要听我讲背后的设计故事；如果你现在还不喜欢，你也要听我讲，为什么这么多人，包括你的很多亲朋好友，他们都痴迷于此。"

我原来所在信息部门的老板，有一次主持部门年终总结会是这么开场的：

"各位业务部门的伙伴，接下来信息部门的每个项目组都将汇报它们一年的工作。如果你参与了其中的业务项目对接，可以借此了解项目运行机制；如果你没有参与，也不妨想一想，有什么工作是我们信息部门的同事能帮上忙的。"

没错，里外里都要听他们讲就对了，这其实是为每一个听众都找到了一个 Why、一个必须听他们讲的理由……找合适的场合，试着设计一个这样的开场吧。

统一立场：找到 Why，让你的表达与听众利益相关

统一立场，
就是要让你的目的，
同时符合听众的利益。

什么是统一立场？就是要让自己的目的，与对方的利益相符。

周末的午后，你窝在沙发上悠闲地玩着手机，这时伴侣走来问："你看咱家乱不乱？"你会怎么回答？我想你大概率会说："不乱啊，一点都不乱。"如果承认家里很乱，岂不是立刻就要起身打扫？<u>很多时候，观点不是由客观事实决定的，而是由利益关系决定的，这就是立场。</u>

如果伴侣告诉你："父母要来家里串门，半小时后就到。"这时你俩的立场可能会瞬间统一。

大多数人在思考之前会本能地先站队，所以双方立场不统一，这时表达很可能毫无意义。带着立场的视角，我们还能看懂很多商业模式。比如，为什么直播带货能获得巨大的成功？因为以往买家卖家的相处，那都是在斗智斗勇啊！卖家口吐莲花，就是为了尽快把商品推销出去，买家小心谨慎、处处提防。

可居然有那么一群主播，亲自帮你选品，找商家拿到底价，在直播时甚至还会告诉你"不急用的话别买，一个月后价格更低"。他们跟买家的立场是一致的。统一立场释放了善意，借助直播这种新电商形式，创造了巨大的商业价值。

统一立场，就是找到双方都认可的那个 Why，让你的目的也符合听众的利益。

1. Why 是一件事背后的驱动力

人们只有知道了为什么出发，相信自己的行为会让事情变好，才会产生行动的动力。管理学理论反复提醒我们："意愿"很多时候比"能力"更重要，愿意做，才可能做好。

回到咱们的表达场景就是，给听众一个 Why，而且最好把这个 Why 放在一开始。

武侠小说《飞狐外传》中有一个让我痛心疾首的片段。这是金庸的早期作品，男主角叫胡斐，女主角程灵素是个悲情角色，她为了救胡斐牺牲了自己。

这个片段如下。

程灵素的师叔是用毒高手，程灵素和胡斐在动身见他之前约法三章：

胡大哥，接下来要去见我师叔，咱们先说好：第一，你不许说话；第二，你不许跟他动手，兵刃、暗器都不行；第三，你不许离开我超过三步。

胡斐满口答应，结果两人跟她师叔一照面，胡斐把承诺抛诸脑后，三条全犯！说了话又动了手，离开了十步不止……胡斐惨遭暗算，剧毒入心，程灵素为了救他让毒传到自己身上，慨然赴死。

这个约法三章堪称灾难级沟通，因为这里只有 3 个 What：不许说话、不许动手、不许离开超过三步……只有 What 没有 Why，也就保证不了胡斐行动的意愿。不理解行动背后的动机（Why），即便把事做对了，顶多也就是机械行为。一旦脱离原有的约束环境，行为很可能无法持续。就像有些精通考试的学霸，却没有真正学会学习，因为他们不知道学习的意义。"努力学习"是 What，"人生价值"才是 Why。

2. Why 是听众发生改变的底层基础

好的沟通应该先解决意愿问题，先说清"Why"。程灵素完全可以这么说：

胡大哥，今晚要去见师叔，他用毒很厉害，搞不好咱俩至少死一个。你也不想我们出事，所以咱们得约法三章：咱们会在一个暗室见他，他听得到，但肯定看不清，你不能说话；也不能跟他动手，因为一旦出声，他就能找准方位对你下毒；另外，别离开我超过三步，我有解毒圣器七心海棠护你我周全。

你看，如果程灵素能先说 Why，胡斐要还是不遵守，那绝对是脑子有毛病。这里有两层 Why，第一层是"不想我们出事"，第二层是"他会下毒但我能防毒"。这样，才能让约法三章的 3 个 What，与双方利益密切相关。

我想你应该明白了，沟通时先说 Why，才能让听众真的愿意发生改变。留意那些经典名著中最常用的制造矛盾的方法，就是沟通不说 Why，恨不得能把你急死：眼看一方要发飙了，可另一方全然不知为什么……转念一想，现实世界是不是也常常如此呢？你觉得先说 Why 理所当然，但真的有很多人就像前文所述的程序员汇报那样，只说做了什么（What），而不说为什么而做（Why）。

一句话为这两小节内容做个总结：如果你想要跟听众迅速建立关联，那么你需要先说一个让他愿意相信，进而产生行动的 Why。怎样才能找到这个 Why？接下来介绍一个思考方法，帮你把你的话题变成对方关心的问题。

马上就练

相对我们一直强调的 Why 模式而言，What 模式才是我们的本能思考方式，改变起来并不容易。在说服别人行动方面，可能没有人比广告人更卖力了。想想那些让你印象深刻的广告，打动你的方式是 Why 模式还是 What 模式？

如果一时想不起，那你就想想脑白金的广告吧，期待你的发现。

顺便推荐一个对我影响深远的 TED 演讲——伟大的领袖如何激励行动，演讲者是西蒙·西内克。在我的公众号"刘哲涛"回复"表达"，可以获取视频链接。这个演讲常年雄踞 TED 演讲榜单前三名，它告诉你一种思考模型——黄金圈法则，可用于梳理 Why、How、What 的关系。第四章我们会继续探讨 How 和 What，搭建结构框架。

希望你跟我一样，在这个演讲中获得宝贵的启发。

利他主张：把你要说的，变成他想问的

> 从博弈到共益，
> 高手擅长通过改变关系，
> 改变最终结果。

你有没有经历过苦思冥想却仍不知道怎么开口的时刻？本节给你一个"万能"的表达构思法——利他主张。很多人提及表达，会想当然地认为，表达是为了获得听众的支持，是在解决表达者自己的问题。而我们可以换个思考角度：<u>所有表达，都是在帮助听众解决他心中的难题</u>。

假如，你突然接到一个任务去主持一场活动，该怎么开场呢？

我夫人曾在一个演讲学习组织客串主持人，二三十位创业公司创始人齐聚山清水秀的地方学演讲。她怎么开场呢？如果是：大家好，我是主持人某某某，接下来就要开课了，我先强调下上课时间……再介绍下课程内容……

这样是不是有点太平淡无趣了？主持人的工作之所以不简单，最大的挑战就是要在介绍规则之余，塑造亲和力，让现场每个角色都能

最快地进入状态。而一群公司老板，放下一堆工作，千里迢迢地来参加为期 3 天的学习，他们对演讲能力的渴求，以及对课程效果的担心都是可以想象的。能不能用他们关心的方式开场呢？

1. 把你的要求，变成帮听众解决难题

我夫人的开场词是这样的：欢迎大家的到来，距离你们成为演讲高手，只剩不到 72 小时。来到这里，我们将为你们解决 3 个演讲方面的难题。

第一个难题，是你们平时太繁忙啦，拿不出大块的时间来学习。所以，请把手机交由我们保管，咱们约定好，上课迟到可是要发红包的。

这明明是个学习的纪律，是对学员提的要求，可我夫人却是用"帮你"的姿态讲出来的。

第二个难题，是大家平时在公司，没人会给你们的演讲做反馈、帮你们校准。来到这里，每晚都有 PK，犀利教官现场点评，投票计分当场排名，刺激又真实。

第三个难题，是很多朋友担心的"紧张"。在成为演讲高手的路上，你会逐渐发现，紧张不是演讲的敌人，而只是一种需要被调动的情绪。如果在自己的婚礼上致辞，请务必紧张，否则你镇定自若、游刃有余……亲朋好友们肯定会感叹：这是个"高手"啊……

培训流程、内容设计，同样是帮学员解决难题。听完这段介绍，大家对规则和日程安排有了了解，多了一点信心，哈哈一笑，气氛热

络起来，长达 3 天的封闭式学习正式开始。

这个开场最大的变化就是把"你应该做些什么"，变成了"我们帮你解决了什么难题"。对所有表达，都可以借助"利他"的视角，重新加工一遍。

2. 把你的主张，变成听众的利益诉求

这样的表达方式并不难，你可能早已习惯。在约定俗成的结构框架里，很多时候，我们的表达就是在回答听众关心的问题，比如我做了什么工作，有什么亮点，有什么待优化的……把所有要求、所有规则、所有你希望对方遵守的，变成"我不是在命令你，而是在帮助你"，帮听众再次明确目标、铺设路径：融资，是在帮投资人抓住机会、切入赛道；汇报，是在帮老板探明信息、制定决策；定考核、提要求，是在帮下属展示自己，获得提升……

"利他主张"之所以是万能的表达构思法，是因为所有表达都要有一个利他的动机。在正式开始一次表达之前，最重要的，就是换个角度，把你的话题变成听众关心的问题。

我有一个商业地产开发商客户，他们的一部分日常工作，是带客户看沙盘，介绍写字楼项目：

这座写字楼高 200 米，外立面是用什么什么合金制成的……

你听过无数这样的介绍，也会这样去介绍自己的项目，可你觉得听众会记住这些信息吗？怎样才能获得更多认同？想想这个高度、材质，是不是在帮客户的忙？解决了什么问题？后来，他们是这样做项

目介绍的：

一家公司所在写字楼的外观，决定了人们对它的第一印象。您看到的项目，高 200 米，是附近最高的地标性建筑；六边形的外立面简洁前卫，特别有未来感。目前上海的知名建筑很少有六边形的外立面，如果您入驻，肯定彰显您的品位和实力。

客户的诉求是公司地位和形象，哪怕只是客观参数属性，如果用"帮你解决问题"的方式说出来，都能带给听众不一样的感受。

3. 把彼此的博弈关系，变成互益关系

高手擅长通过改变关系，改变一件事的结果。比如很多低段位的销售，他们和客户的关系是此消彼长的博弈关系，因为只有卖出产品才能获得回报，于是对产品极尽赞美，这样的赞美很可能是不真诚、经不起推敲的，所以客户也会本能地提防。

我离开金融行业好几年了，如果有一个理财顾问跟我说某基金的投资题材、历史业绩……我可能无感，因为我们处在博弈关系中，他为了拿提成很可能报喜不报忧；但如果他跟我说：

先生，我自己很看好这个产品，已经买了十几万元，给你看我账户的截图。

我肯定当下就被说服了一大半，因为此刻，我意识到他愿意为他提出的建议做出具体的行动。

在提出建议的时候，尽量先展现我们为此做出的努力和付出的代

价。我有个客户，是广东非常有名的商业地产开发商，他们进军新城市要召开一场盛大的发布会，号召商家入驻。这样的发布会，其实你也见得比较多了，一般会这么介绍：

这块地好：交通方便，潜力大；这座建筑好：动线合理，配备前卫；销售政策好：优惠减免，先到先得……

基于这样的结构框架，不论细节打磨得多么完善，都算不上是一个好的说服策略。为什么？因为没有把"自己"投入到这件事里面。如果换个说法，你再感受下：

身为商业地产公司，过去半年受到了疫情的巨大冲击，市场回暖后，我们急需用一款最好的产品，迅速打开局面；摆在我们面前的选择很多，可能更稳妥的做法是继续扎根原本的优势市场，可我们更看好这座城市的未来，我们相信这是时代的机遇，于是我们来了。

我们投入了非常多的资源，耗资巨大、反复调研、不断推敲，打算建成这座城市里数一数二的商业综合体；我们对它寄予厚望、充满期待，你愿不愿意与我们一起，享受未来十年时代带来的巨大红利？

这就是一种更好的提建议的策略：不是我卖东西，更不是自卖自夸，而是我看到了辉煌的未来，已经用真金白银投票了，你愿意一起吗？

为建议付出代价，一定要让对方看到你早已置身其中。关系变了，说服的结果也就变了。

> **马上就练**

引人入胜的表达，要试着把"观点"变成"问题"。例如"你为什么应该学学程序员思维？"，这是一个带着问号的假问题；而听众更关心的真问题，可能是"我们应该怎样缜密、高效地思考？"。"你为什么要买小米手机？"，这是一个糟糕的问题；而"小米是怎样用两年时间做到拍照技术遥遥领先的？"，这是一个用好奇心驱动听众不断探索的好问题。

我相信你肯定善用"观点 – 理由 – 案例"的结构框架，但这个结构框架最大的风险在于：一旦听众对观点失去兴趣，他们的注意力就会迅速离开。从现在开始，思考一个问题：<u>能不能把你的观点，转换成听众心中的真问题？</u>

回想最近一次令你印象深刻的工作汇报、重要谈话……当时你的观点是什么？能试着把它变成对方最关心的那个问题吗？可否将这个洞察提前到每次表达之前，然后试着用"我想大家最关心的应该是……"这个句式作为开场？

洞察先行：说服的最高境界，是引领思考

> 获得认同的第一步，
> 是展现你的"洞察"，
> 打消对方的"审视"。

在打磨了上千个演讲之后，我获得了一种能力：只要看开头几分钟，就能知道这个演讲能不能打动听众。

你可能会觉得：演讲的话题那么多，风格又千差万别……几分钟就做判断，真能做到吗？这种看似很难修炼的能力，很快你也会掌握，只要你学会区分两种模式：<u>证明模式和洞察模式</u>。

1. 需要极力避免的"证明模式"

证明模式，就是那种会让你觉得，演讲者是在"证明"自己有多厉害的表达方式……我想没人喜欢听别人这样说话。因此，"证明模式"是演讲者要极力避免的，比如：

我做得多么多么好，因为：第一……第二……第三……

你应该怎样怎样，我告诉你为什么：第一……第二……第三……

想象一位校长，在台上讲述他所在学校的亮点：

我们学校特别注重素质教育。

第一，我们方法科学。不仅考核学生，而且定期考核老师，还会面向家长分享教育理念。

第二，我们因材施教。有很多兴趣课程，帮孩子进行探索和延展。

第三，我们文化交融。致力于建设拥有国际化理念的学校……

证明模式的演讲，为什么听不进去？因为演讲者在一开始就做了基础假设："我很厉害，我做得无比正确。"这个假设特别容易引发听众的对抗：

你说你那么优秀，我不信……比你做得好的多了去了，你显摆什么？

一旦你想证明什么，出手便落了下乘。听众会不自觉地在心中抄起手歪着头，眼神上下打量，审视你，即便最终认可你的实力，也很难真心钦佩，或者干脆不屑一顾：

好了好了，算你厉害，可你再厉害，请问关我什么事？

证明模式的演讲，还隔离了听众的参与感：

你确实很牛，然后呢？我除了为你鼓掌，还能做点什么呢？

扎心的是，我们在各种场合听到的，甚至很多出自自己之口的公司介绍、工作汇报、年终总结……都用的是"证明模式"。<u>为了让你的观点更有力量、更有吸引力，尽量避免证明模式，特别是在对外的场合。真正动人的表达，是"洞察模式"。</u>

2. 用"洞察模式"展现观察和思考

如果这位校长换个说法：

今天，我们身边的一切都在飞速发生变化，可唯独教育，依然沿用200年前工业革命时代的体系和模式。

他没有一开始就说学校多么多么好，而是聊起了"教育"的话题，听到他的观点你是不是会有些好奇？

200 年前的教育,是为了把孩子送上流水线,学校不断立规矩,告诉孩子什么是对、什么是错。可今天,智能化、数字化时代,我们要教孩子什么?

这就是一个非常宝贵的洞察:教育的目的发生了变化,可方法还没能跟上,怎么办?

今天的教育更该教会孩子创新、协作。今天,人类面对的难题很可能还没有答案,他们要学着自己去探索,在未知中找答案……

听到这里,你可能也在默叹:哇,好有道理!当听众产生了兴趣,认可了这个"洞察",那一瞬间,自然就多了几分代入感,热切地期待能知道:我们该怎么办?这时校长接着说:"为了应对这些变化,我校做了素质教育的探索:第一……第二……第三……"听众们就更容易顺理成章地认同这些亮点。

这就是为什么我更建议你表达时要有意识地用洞察模式。就算你真的希望"秀肌肉",最好的方式也不是"证明"自己多厉害,而是基于一个"洞察",先给出行动的动机(Why)激发听众的好奇心,让他们参与你的思考,不知不觉被影响。

我为你总结了一个万能表达结构(见图 2-2):观察 – 思考 – 观点。

观察 – 思考 – 观点
有感而发　　产生共鸣　　给出方案

大前提　　　小前提　　　结论
不容辩驳的真相　顺理成章的推导　理所当然的行动

图 2-2　万能表达结构

在证明模式下，表达的动机是"证明我很厉害"；而在洞察模式下，表达的动机是"分享我宝贵的思考，希望能帮到你"。同时，演讲者也能更自信、更亲切，因为展现洞察自带"利他"的心态。

日后做个有心人，留心各场合下演讲者前几分钟的表达，分析他的内容是在证明还是在洞察，然后大胆预测一下：接下来，听众是会聚精会神，还是会神游天外呢？

马上就练

从现在开始，不论是汇报、提案还是沟通……为你期待别人发生改变所做的关键表达，加上一个左右人心的洞察吧。如何找到洞察，多想想这个句式："不是……而是……"。比如，今天跟过去的情况不一样，不是……（过去那样），而是……（今天这样）；和别人相比，我们的出发点、着眼点、思路、方法等不一样，别人是这样做的，我们不同，我们的做法是……

来练习一下。"短视频"和"数字化转型"是当下最火的话题。为什么短视频是不可逆的趋势？为什么数字化转型是每个公司都要去做的？这两件事背后的洞察，能帮你影响更多人吗？

我把参考答案放在了本书第七章"成交演讲"中，我会告诉你怎么通过给出颠覆式的洞察，获得客户认可，提高成交效率。

认知协调：达成共识的关键，是获得承诺

高手不会一味地回答对方的问题，
而是会想办法让对方回答自己的问题。

提问是统一立场的利器，提出"问题"的人，掌控着沟通表达的主动权。

你肯定接到过骚扰电话吧，有没有留意过他们的套路——接通后，会一上来先丢个"问题"给你。

先生，最近是不是在忙装修？

先生还在炒股吗，需不需要理财？

更离谱的是，他们还经常问一些特别低级的问题：

您是刘先生吗？

您是136××××××××的机主吗？

我都被气笑了：打电话的是你啊，我号码多少，你还不知道吗？直到有一天，一个朋友跟我说：接到骚扰电话，最好的回应就是直接挂断，一个字都别多说。只要你回答，就会很不幸地被标记为"优质客户"。因为没几个人愿意回答这么无聊的问题，一旦回答，说明不论是服从性，还是接下来被忽悠的可能……这个人都值得他们重点关注。

骚扰电话以提问开场，是因为幕后打电话的人深谙心理学，他们知道：提问和回答，不仅可以折射出很多信息，而且能切实影响一个

人的判断和行动。

1. 认知协调：每个人都希望自己言行一致

最让餐厅老板头痛的，是那些订了座却爽约的客人。高峰时期每张餐桌都预示着真金白银的营业额，可又不能不近人情、谢绝预留……怎么办？社会行为学家做了个实验，结果显示当餐厅接线员多问一句"您一定会准时到店，对吗？"时，只要客人回答"是的"，那么他准时到达的概率就会上升40%。

客人这句回答就是"承诺"，能产生自我激励，更大概率促成行为改变。因为每个人都希望自己言出必行、言行一致，这在心理学上称为"认知协调"。认知协调体现在方方面面，比如我们会为自己的行为做各种合理化的解释，还会为说过的话"上头"。

为什么买了股票就会坚定地看涨？就连下跌都觉得只是暂时的……因为"买入股票"的行为，也是一种隐含的、相信自己会赚钱的"承诺"。说服一个人不需要"道理"，我们可以通过引导，帮他"自己说服自己"。相比直接给答案，提一个精准的好问题更有效。只要对方做出了承诺，就能产生认知协调，进而影响行为。

2. 获得承诺，是改变行为的第一步

我想你偶尔会跟我一样，约人吃饭时自己到早了，在商场里闲逛。你无意间踏入一家店铺，导购会立刻热情招呼。

导购：先生，有什么可以帮您？

你：不用不用，你忙你的，我就随便看看。

这种情况人家导购也见多了，于是退到一旁：

您有需要，随时招呼。

这段对话没觉得不妥吧？可我的一位朋友觉得不合理，她是一家奢侈品店的店长：既然花大价钱租了门面，不就是为了买线下流量吗？结果因为一句"随便看看"就放客人走，太浪费了。有没有办法让这些漫无目的的人，也能产生成交呢？她的做法很简单，在"随便看看"这句话后面接一句："您真是一个××的人啊。"

这句话怎么用？肯定不能是"您真是一个随便的人啊……"，而是要努力抬高客人，比如导购可以说：

您真是一个有品位的人，随便逛逛都能逛到咱们家，正赶上店面上新，您运气太好了！年度酬宾，现在价格都特划算！

不去终结对话，而是先想办法让客人接话。如果你听到导购说你有品位、运气好，你会不会反驳？会不会一脸严肃地转过身说："你可说错了，我品位可差了、运气也不好……"你肯定不会这样做，而是会说句谢谢，或者心里把这句恭维默默应承下来。

这时导购继续提议：

旁边货架上的是当季最受欢迎的 5 款单品，您都来了，要不我花一分钟介绍下，咱们移步过去看一眼？

前脚刚承认有品位，导购又这么礼貌带你去做有品位的事，闲着也是闲着，那就看看呗……一来二去，可能关系就推进了，销售机会也出现了。这也是"认知协调"的应用，先给对方一个身份，然后基于对方对身份的认可，影响其产生某种行为。

3. 高手的撒手锏：万能成交3问

"认知协调"的应用场景很多，谈判和销售高手，更多时候都不是在回答对方的问题，而是在想办法让对方回答自己提出的问题。不谦虚地说，我自己也是一个销售高手，曾为很多知名公司开展过顾问式服务工作坊。我总结了"万能成交3问"，帮你在提案时借助"认知协调"影响对方，获得主动。

在销售场合，仔细问这三件事：①事情的紧迫性；②期待的目标；③愿意投入的资源。

比如，我面对一位创始人，希望服务他，帮助他打磨演讲内容，这时我会问：

（1）您是这么知名的公众人物，平时肯定也有很多重要演讲场合，为什么这次要做特别的准备？

（2）您觉得像哪个大咖那样演讲，就对自己非常满意了？

（3）接下来还有两周就要登台了，您打算投入多少时间来做这件事？

问完这3句，合作成交的概率就会大幅提升。因为这意味着客户会亲口说出：这次的演讲场合很重要，他有目标需要实现，他愿意花时间一起努力。他的回答，也是在对行为做出承诺。

看到认知协调对人的影响，你也可以试着通过对方的每一次回答来强化关系，获得认同。当你意识到可以借助"承诺"推进他人的行为时，恭喜你，打开了商业表达的新局面。比起强加观点给对方，让他们自己说出来效果会更好。

> **马上就练**

在"万能成交3问"的最后，还有一个撒手锏要交到你手上。跟客户谈合作、说方案，有时就差临门一脚，比如客户可能会说"我们再考虑考虑"或者"过两天再联系"。迟则生变，这时可以多问一句："我可以做些什么，来帮助贵公司加快流程吗？"

如果客户愿意回答这个问题，你就可以掌握多一分主动，因为他会把着眼点从"要不要选你"稍微转向"如何推进"。当你需要引导对方做决策时，试试用这几个问题来掌控主动，借由对方之口，获得你想要的答案。

提问引导：好的提问可以引导话题，摆脱负面情绪

不要反问，不要质问，不要明知故问，
最好的提问心态是"好奇"。

下面是一些我们日常会遇见的提问，请感受下：

吃了吗？要不要喝水？

你最近怎么这么拖沓？

这个项目，有什么是我可以协助的？

我都跟你说了这件事不能这么干，你没认真听吗？

这段时间咱们都辛苦了，要不下个假期一起安排一次旅行，你有什么想去的地方吗？

……

不用我说你也已经发现，其中有几个问题让人很不舒服。提问有没有好坏之分？有。我对一个"好提问"的判断标准是：①能够剥离消极情绪，做到对事不对人；②能够帮双方向前看，着眼于未来；③能够让双方达成共识，产生具体的行动。

所以，带着抱怨、暗含指责的提问，带着炫耀、想教人做人的提问，都是要竭力避免的。否则不仅会伤害彼此的感情，而且容易把事态推向不好的方向。接下来，送你几个提问的锦囊，让提问成为你称手的表达工具。

1. 用"正向提问"，慎用"反问"

如果闺蜜陷入感情纠葛，明知对方是"渣男"，却迟迟不忍分手，来找你哭诉……你怎么帮她抽身？我猜很多人会怒其不争，对闺蜜说：

你清醒点吧，这样还不果断分手，难道留着他过年？

这就是一句反问，要注意，反问就带着攻击和对抗。确实，在局外人看来，答案是明摆着的——赶快分手！可再想想，闺蜜会是什么反应？谁愿意承认自己"错了"？谁愿意被 Diss（怼）？面对灵魂拷问，她内心深处肯定会有对抗情绪：

我没跟他分手还不是因为——他本性不坏 / 他只是不懂事 / 他小时候很可怜 / 我们曾经很快乐……

你本想帮她走出来，结果让她越陷越深……就算她不辩解，也会反驳几句："我都这样了，你还要数落我吗？这些话为什么你不早说？"反问让你和闺蜜对立了起来。

如果，我们换个提问的"方向"呢？不是"为什么不分手？"，而是"既然你这么爱他，为什么还做不到接纳他的全部，为什么还哭得这么伤心？"。这么提问，会不会得到完全不同的答复？闺蜜可能会说：

对啊，我确实没法接纳他的全部，因为——他居然劈腿 / 他没事业心 / 他臭毛病多 / 他眼中没有未来……

第一次听这个案例时，我激动得直拍大腿。你也发现了吧，提问是有方向的："不忍分手"和"来哭诉"都是客观事实，但提问者强调的方向不同，对方的思考方向便截然相反。

为什么劝人难，因为我们不是在讲世俗的道理，而是在跟感性对抗、跟沉默对抗、跟侥幸心理对抗。抽离情绪，才能让事态回归正途，而"正向提问"在引导思考方向的同时，也抽离了不必要的纠结情绪。说服别人，<u>重要的不是讲大道理，而是能提出让对方"自己得出答案"的好问题</u>。

2. 摆脱负面情绪，用"反射提问"

有时，面对牢骚满腹的人，怎么说他都不听，沟通很容易陷入僵局。比如，同事一拍桌子说道：

我没法给这个甲方提案了，他什么都不懂！

如果这时你一本正经地跟同事说"正因为甲方不懂，才需要咱们努力啊"，估计会收获白眼；但如果为了照顾情绪跟同事一起吐槽甲方，又不能解决问题。怎么办呢？先接住情绪，再指向具体行动：

对啊，他确实很不懂……那该怎样让他懂呢？

你发现了吗，这个提问，就是先接住情绪，让对方从抱怨转为思考"能做什么"。什么叫"有建设性"的提议？指向行动的才是"有建设性"的。如果积怨太深，同事还在抱怨：

呵呵，让他开窍？算了，我恐怕没那个本事！

那你还得继续努力，借助情绪，转换焦点：

你先消消气，要不，我出面跟甲方约个电话会？

反射提问，就是接过对方的话，把抱怨、牢骚等转为思考和行动。只有对方重归理性，事态走向才能重回正轨。

3. 一定要避免"代偿式提问"

有一次我去同学家做客，看到了他家两三岁的孩子。在他家的日常交流中，孩子只要点头或摇头，就能吃喝不愁。"你渴吗？"孩子点点头；"你想喝这个还是那个？"孩子努努嘴……面对太多的封闭式提问，孩子确实很省事，可长此以往，孩子的表达和沟通能力肯定会弱化，因为语言能力被父母的热情"代偿"了。

什么是代偿？比如，一个人去健身，本想练后背，结果肩膀特别酸，很可能肩膀肌肉代替了后背发力，这对后背当然不好，久而久之会产生新问题。在教育的过程中，我们时不时会替孩子代偿。如果代偿了孩子的语言、沟通、表达能力，孩子就会寡言任性——倾向于用哭闹、尖叫这种情绪化的方式解决问题。

代偿式沟通，也经常出现在公司里。我们可能剥夺了下属思考的主动性，相当于只雇用了他们的手，却没雇用他们的头脑。很多时候，发问不是为了告诉下属结论，让他们"偷懒"，而是帮助他们打开视野，进入思考。所以，这时不要给几个选项让他们直接选，而要尽量问开放式问题。

比如，"你现在打算怎么去安排你的工作？""为什么你希望去做这件事？"，或者是"你需要我帮你做些什么？""你为什么需要我的帮助？"等。这样的开放式问题才可以引导对方去主动思考，而非只是让对方回答"是"或"否"。

马上就练

最好的提问，一定都带着"好奇"的心态。

"你最近怎么这么散漫、这么不努力？"这背后的情绪肯定不是好奇，而是质问、指责。

"最近看你工作中疏漏好像变多了，是不是遇到困难了，我可以帮上忙吗？"这个心态才是好奇。

"这件事你怎么能犯这样低级的错误？"没人想把事做错，我们提问是为了探究原因。

"项目进展跟计划相比出现了偏差，你能想到具体的思路吗？"表现出的是很想了解、帮助对方。

"既然感情都这么差了，你俩为什么还不离婚？"这是已经做了预判的设问，是借提问之名行指教之实……

"看得出你很痛苦，可即便如此都没有选择结束婚姻，能不能告诉我你珍视的是什么？"这是带着好奇心的提问，是希望能抽丝剥茧，找到施以援手的突破口。

回顾这两节关于提问的话题，你之前是否踩过坑？从此刻开始，修炼提问的好奇心，提出改变对方行为的好问题吧。

【案例分析】找对"话题"，你就成功了一半

定义话题的能力，
就是获得主动权的能力。

怎样找到听众喜欢的话题呢？给你 3 个思考方向：

（1）从已知到未知：找一个你擅长且对方感兴趣的问题。

（2）定义话题焦点：找一个对你有利的问题，或埋一个对你有利的前提。

（3）代入你的困境：如果做不到前两点，那就强调"我太难了"。

接下来，用几个我有幸参与其中的小故事，帮你找到感觉。

1. 好的话题，从已知到未知

帮听众搞懂一件事，是带着他从未知到已知；在谈判、销售、竞聘的场合里，怎样获得最初的主动权？让听众从"已知"领域抽身，去一个他不擅长的而你恰巧可以大展拳脚的"未知"地带。

第一个案例，是一次意外的招商路演。很多朋友都知道，我是罗辑思维、得到 app 的合作方，但我们之前的合作仅限于线下课、公开演讲，还有一些学员的演讲打磨。而我接到了一次最意外的任务——去帮罗辑思维招商。2019 年底，有个大客户想赞助罗振宇的跨年演讲，负责商务的伙伴抽不开身，于是让我帮忙跑一趟当面谈谈。

当然了，既然我厚着脸皮把这个例子写了出来，那么肯定是谈成了。在整个沟通过程中，我觉得最关键的事，就是定义了一个重要的"话题"。

如果按照常规招商的思路，往往会从这几个问题展开：我们是谁，为什么合作，数据怎样，亮点是什么……可我即将面对的老板是个营销高手，每年在央视投几亿元的广告，如果我这样的菜鸟去跟他聊数据，简直是班门弄斧……思前想后，我找到了自己比较擅长的话题："相比投传统渠道广告，赞助罗振宇有什么不一样？值吗？值在哪里？"

于是，我所有的表达都在努力植入一个观念：赞助罗振宇跟以往的广告赞助"不一样"，前者是借意见领袖，通过造热词，影响中国几千万高认知人群，这件事贵公司从没做过，非常值得尝试。神奇的一幕出现了，我一个小白激起了大佬的好奇，说进了他心里。这家公司连续多年赞助了罗振宇跨年演讲（截至本书出版双方仍在合作），让我自豪的是，对方老板最开始的好感是由我营造的。

复盘这个案例，如果不是我在一开始开辟了一个对自己有利的全新战场，而是还在对方熟悉的领域打转，那很可能我是没有机会的。找到对自己有利的"话题"，需要洞察，也需要灵感，希望多给你的一点点启发是：<u>这个话题可以是你擅长，而对方不擅长却感兴趣的。</u>

2. 借助好问题，定义话题焦点

第二个案例，是我曾经的一次工作汇报。2016 年，我还在一家互联网金融公司就职，原本我们想做创新业务，却恰逢股市震荡、市场整顿，很多外部条件发生了变化。当时我们面临的尴尬就是无事可做，但要命的是，还要面向公司领导做一次创新业务的工作汇报。

如果按常规汇报模式，介绍业务数据、分析得失、展望未来……我想大家面子上都挂不住，因为确实没做什么事。怎么办？最终，我定义了一个话题"监管趋严的形势下，如何寻求业务突破？"，并把它作为汇报主线，不仅让领导知晓了我们的难处，而且让他对现状表示理解，并给予了资源支持。

同样的事实，是"屡败屡战"还是"屡战屡败"，在 What 层面没什么区别，但背后的 Why 却截然不同。

定义一个问题，聚焦话题点，能让听众在某种程度上忽略一些假设。直白点说，就是在问题里埋下对自己有利的"前提"。例如，"为什么擅长表达的人会赢得世界？"这个问题里就藏着一个前提：擅长表达就一定能赢。确实有点赖皮，但也真的有效，而且你跟对方接触的时间越短就越有效，例如面试时。

我有一个朋友，她去面试某知名商学院，我给她的建议是，把 2 分钟自我介绍从"我是谁""我干过什么"的模式，变成一个新的问题——为什么求学、工作、创业都一帆风顺的我，选择来这里进修？这样做的好处在于，在短短 2 分钟时间里，很容易让对方接受她"优秀"的人设这一前提，提高成功率。

在此有必要提醒你换个角度看，如果你是听众，注意别被对方设置的问题模糊了焦点、带偏了节奏，问题是可以夹带私货的。知乎有个著名的梗，"先问'是不是'，再问'为什么'"。比如，有人问"为什么我这么漂亮？"，这个问题可能就是无解的，因为或许她根本就不漂亮。所有的挑拨离间，也都是从"为什么他总是针对你？"这个预设问题开始的。

我不是在教你诡辩和偷换概念，而是希望你看到：将对自己有利的话题定义成对方关心的问题，才能掌握解释权和主动权。常规的工作汇报大多是 What 模式——做了什么，进度怎样，规划如何，出于管理成本考虑，这种汇报确有可取之处，但如果能适当地跳出来，就可能创造出属于擅长表达者的机会：与其单纯地描述事实，不如定义一个大家都关心的问题，并以此展开汇报。

3. 好的话题，代入你的困境

第三个案例，主角还是我的老朋友，河神。前文提到过他必须在两年内治理一条复杂的河道。这个"时间短任务重"的出发点很好，我问他：为什么必须在两年内完成呢？三年不行吗？他说，因为时间就是金钱，效率就是生命，所以我们要在两年内把河道搞定。

我听完直摇头："你真是这么想的吗？"这个理由给你看，你肯定也觉得很空，怎么说服得了听众？更别说跟他们共情了……河神跟我说了实情：这是上级压下来的死命令，因为深圳市政府决定要在三年内彻底消灭黑臭问题。

他认为，用上级命令做演讲的驱动力，感觉就是按章办事，没什么特别的，还会显得上级有点不近人情，而我却不这么认为，因为在死命令背后，是市政部门对环境、民生的关注，是治河这件事的大背景，也是更深层次的 Why，特别有使命感。更重要的是，这个压在头上的死命令，才是客观存在的、让他犯难的最真实困境。相比之下，"时间就是金钱"缺乏真情实感。

把话题变成问题，有时并不容易，如果你实在找不到跟听众统一立场的 Why，那就换个角度想一想：说出你曾经经历的艰难，这本身就是可以跟听众共情的 Why。

如果一时找不到听众关心的问题，那就先想想自己最真实、最困难的处境吧。人的"同理心"与生俱来，特别是跟个人经历相关的分享，只要你找到了让自己夜不能寐的困境，演讲就已经成功了一多半。介绍业务经验，可以聊最难谈的业务；介绍一款产品，可以分享最难实现的一个功能……分享你的困境,是最容易感染听众的方法,是无招胜有招的最高境界。

本节我一共提到了三个案例,对应三个找到话题的方法,形成了下面这个表格(见表2-1)。

表2-1 话题确定对照表

目的性	面向对象	典型场景	找到话题的主要方法
强	对外	产品销售/发布会	解答一个未知的问题
强	对内	工作汇报	定义一个聚焦的话题
弱	对外/对内	论坛分享/经验交流	描述一个自己的困境

请注意,在一次产品销售或发布会中,未必只用到了第一个方法,事实上不论是乔布斯还是雷布斯,都曾经在发布会上坦承过自己遇到的困境。只不过这里的"困境"只是局部某个章节的展开方式,他们发布会的整体策略,依然是为用户"解答未知的问题"。

因为听众都知道开发布会是为了带货,如果把"描述困境"作为整体策略,会让很多听众觉得太矫情,或目的性太强。

本章小结

好的表达,是怎么一步一步进入听众心里的?是怎样的底层逻辑在发挥作用?至此已经一起探索了两章的内容,相信你已经有不一样的感觉了。

首先，不要基于角色和职业，而要基于你个人的亲历视角，进入场景、放大感受、制造悬念；然后，与听众进一步共情，定义一个问题，先说 Why 而不是 What。

我用演讲界的一句名言来收尾：<u>演讲，就是真诚地送出礼物</u>。这句话出自《高效演讲》，作者是彼得·迈尔斯。这个礼物，就是那个 Why，是你的洞察，是你表达的原因，也是听众听你说的理由。自我视角是说你难忘的情绪片段，统一立场是说听众最想听的，如果你开口表达为的不是证明、表现自己，而是真诚解答听众心中的问题，那登台还有什么好担心的？"礼物"心态能帮沟通双方补充心理能量，让彼此的沟通在这股能量驱动下持续向前。

下一章会介绍另一个让你能量爆棚的表达方法：用"情绪"来推动表达。那些给你留下过深刻印象的表达者，无不拥有着用情绪"影响人心"的能力。当然，我们同样可以做到。

找到理由

从What模式，到Why模式

Why模式

统一与听众的立场
让目的与听众利益相关

解答未知问题
你擅长，对方不擅长却感兴趣

定义焦点问题
用对你有利的话题串联

代入你的困境
最真实、最困难的处境

利他主张

把你想说的，变成听众想问的

What模式

与听众无关
失去了内容的解释权

第三章 情绪
影响他人，从触动情绪开始

底层动机：难忘的人，一定给过你特别的"情绪"

> 跟特别的情绪站在一起，
> 成为对方心中特别的人。

情绪推动着人的行为，就像手机的底层操作系统，而那些理性、思考、逻辑……就像建立在"情绪"系统上的一个个app，情绪对了，一切都对；一旦情绪崩溃，理智不会发挥任何作用。

前文提到的自我视角，就是把情绪讲给听众，希望用Why与听众产生情感联结和利益连接。本章将探索"情绪"这个话题：一次好的表达是怎样被"情绪"推动的。请注意，推动一次演讲表达的不是内容、逻辑，而是情绪。

我和一位前同事当年关系不错，可那时的我肯定想不到，此后每年一到我的结婚纪念日，我都会情不自禁想起他。原因很简单，那天我刚领完结婚证，走在回公司的路上，迎面碰上这位同事，于是他成了第一个知道我结婚消息的人。阴差阳错间,他与我这辈子最特别的情绪关联在了一起,这位同事什么都没做,却令我每年至少想起他一回……

难忘的人,一定给过你特别的情绪,这句话反过来也成立。<u>真正的高手,会想方设法跟别人特别的情绪站在一起,让自己也成为特别的人。</u>他们一定会把自己置入对方积极、正面的情绪之中。

情绪如何引导着我们的认知?来看看下面这个例子。一位海上乘务公司的 HR,向应届毕业生做招聘宣讲,身后出现了这张 PPT(见图 3-1)。

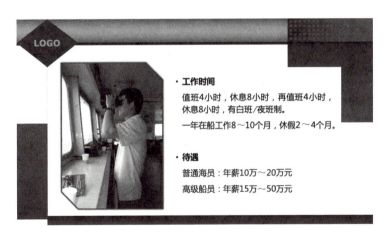

图 3-1　海上乘务公司宣讲 PPT 示例

现在,请你换位思考,假如你是那位 HR,校招时亮出这张 PPT,你觉得台下反响会怎样?你可能会觉得:应该还不错吧,这工作对应届生来说,待遇够可以了,每年有一个季度左右不用上班!钱也没少给,一毕业就年薪 10 多万元,工作几年工资还能更高。

一次表达中，双方最大的隔阂在于：我们对自己的思考往往基于理性，可如果对外做出评价，感性会瞬间占领高地。现在换个角度，假如你是台下的应届毕业生，你会有什么感觉？愿意去这家公司工作吗？你可能不想，因为这张PPT带给你的第一印象，是枯燥乏味的。

怎样才能唤醒听众的正面情绪呢？我们来看PPT"整容"之后的感觉（见图3-2）。

图3-2　海上乘务公司宣讲PPT改后示例1

就像本章一开始说的，判断一次表达好不好，看什么？看有没有迅速切中正面情绪。

请回想你毕业找工作时的经历，当时的你更关注休假时间，还是工资收入呢？我想大多数人都会关心工资收入，因为这是一个人价值最直接的体现。回到这页PPT，"100 000元/年"，放大字号也就放大了情绪；图片中的大海、蓝天、白云，多么让人神往——我们的征程是星辰和大海！

还记得一开始的原稿吗？没有对比就没有伤害……在这工作三五

年,是不是就会变成照片里拿着望远镜的男人的样子?挺着小肚子,饱经风霜……原稿没能唤起听众的正面情绪,反而激发了负面情绪。

再来看看"工作时间",原稿是这么表述的:值班 4 小时,休息 8 小时,再值班 4 小时,休息 8 小时。感觉是在说绕口令,像是人力资源部发的冷冰冰的通知。改过之后,则像贴心的大哥哥或大姐姐,微笑着告诉你:学弟学妹来我们这工作吧,每次出海靠港整顿期间,你还可以免费上岸观光旅游哦(见图 3-3),上着班就能周游世界!

图 3-3 海上乘务公司宣讲 PPT 改后示例 2

一次表达成败的关键,在于你有没有跟听众的正面情绪站在一起。体会一下为什么说好的表达不是被"内容"驱动的,而是被"情绪"驱动的?海上乘务公司的前后两种表述,内容还是那些内容,但背后的情绪……天差地别。

本节借助一个典型的案例,帮你看到情绪对认知的影响。类似的细节在表达中比比皆是。接下来,我们将探讨如何让表达匹配对的情绪,从感性层面更高效地影响更多人。

> **马上就练**

最近几年我意识到：跟别人的什么情绪站在一起，决定了你们有怎样的关系。心理学中有个名词"吊桥效应"，是指在过吊桥时，人会不由自主地心跳加速，甚至会错认为心跳加速是因为身边的人。

怎样才能为听众创造一种，你跟他人一起经历了某种情绪的体验？想想大片常用的套路：一路逆袭、绝地反杀、苦难终得回报……这些策划情绪线的方法，可以用到偏理性的表达场合，例如融资路演，或者工作汇报的场景中来吗？也欢迎你思考。

关于怎么为演讲制作PPT，我准备了一个特别的福利，有底层思考，也有实用技巧。在我的公众号"刘哲涛"里回复"表达"，我把这套视频教程发给你。

情绪驱动：相同的事实和道理，却有不同的"情绪"

> 事实和道理可能存在歧义，
> 但情绪不会，
> 而且情绪更容易直击内心。

既然推动表达的是情绪，那么怎样才能把想表达的内容变成情绪呢？假如你正面对一款商品犹豫不决，觉得有点贵，感受以下不同销售人员的说法，哪个更让你心动：

一分钱一分货，好东西都不便宜。

咱们努力，都是为了让自己和家人过得更好一点，对吗？

在我们的生活和工作中有太多类似的情况：表达的意思完全一样，是微妙的情绪决定着你会抗拒或听从。我在下文和后文会用几个例子告诉你：几乎所有内容都可以找到背后的情绪，要把"事实"变成情绪，把"道理"变成情绪，把"目的"变成情绪，把"动机"变成情绪。

1. 把"事实"变成情绪

听着一个人在台上侃侃而谈，而你只想问他一句话："说了这么多，你到底想表达什么？"如果你也有过这种感受，最主要的原因可能在于，他只是在自顾自地陈述事实，没能调动你的情绪。确实，在大多数场合下我们都是在陈述客观事实。可即便是事实，背后也必然有情绪。同样是眼前的一座大楼，背后的情绪区别可太大了：它是你即将进入，大展拳脚的新公司？还是你离开一座城市前，最后的倔强回望？背后的这份情绪，决定了你对大楼的讲述方式。

接下来的例子，来自小米的 CEO 雷军。在你印象中，雷军可能是讷于表达的"老干部"，实际上他早就找到了最适合自己的表达方式。把"事实"变成情绪，最重要的是匹配人设。人设，是别人给你贴的标签，也是你获得别人认同的途径。雷军的人设，是无条件对小米粉丝（简称"米粉"）好。在每一场小米发布会上，他都会在准备好的内容——各种产品的参数上，加上"为米粉好"的情绪。

有一次，小米发布一款新手机。手机有各种颜色，这不稀奇。可怎样把再平常不过的信息都包裹上情绪，让听众被击中呢？如果只是陈述客观事实："大家好，今天我们发布的这款手机有三个颜色，分别是蓝色、粉色跟黑色。"典型的平铺直叙，既枯燥又无趣。而雷军把三个颜色的"事实"，加上了自己的情绪：

大家好，我是雷军，今天小米发布的这款手机，我们在设计之初就希望能让"95后"和"00后"爱上它。

借用前面的观点，雷军这不也是先为 What 找了一个有情绪的 Why 吗，这个情绪就是内容的牵引力。他接着说：

我们问了几百位"95后""00后"，希望知道年轻人喜欢什么颜色。发现他们最喜欢粉色跟蓝色，于是选定这两款作为主打。还有很多米粉希望低调，所以依旧保留了最经典沉稳的黑色。

人设源于情绪，雷军介绍手机颜色，就是在为客观事实加入"为你好"的情绪：不断尝试、突破和改变；产品新潮，迎合年轻群体；考虑全面，兼顾稳重需求……说的还是那三个颜色，但是有了情绪和人设，相比平铺直叙地照本宣科，差别可太大了。

一次好的表达，<u>先要找到你最想传达的情绪，然后把想说的内容都装进这个情绪里</u>。回到前面的例子，怎样避免陷入自说自话的尴尬局面呢？不妨在表达前问问自己：说了这么多，希望带给对方怎样的"感觉"呢？如果想不明白为事实匹配什么情绪，说什么都是苍白的。

2. 把"道理"变成情绪

你看过辩论综艺《奇葩说》吗？看过的话，我想你肯定跟我有一样的感受：如果辩手的发言没有故事、段子，不能提供价值，只是干巴巴地说大道理……真就没多少听众愿意投票给他。

"你说的都对吗？对不起，我一句也没听进去。"这是一个扎心的现状：没有情绪的表达，哪怕你说的都对，在听众心中也没有一点价值。我们不要觉得这是世风日下、人心不古，事实上，缺乏情绪的大道理，就约等于正确的废话。既然如此，我们需要解决的问题就是：怎样才能把道理也变成情绪呢？

接下来的例子，来自我尊敬的老师，商业咨询顾问刘润。在一次线下大课上，他分享个体如何在商业世界快速成长。这类话题很容易陷进大道理的泥潭，需要一个精彩的引入，把道理变成听众心中逐渐升起的情绪波澜。刘润老师是这么说的：

我崇拜一个人，达·芬奇，创作了蒙娜丽莎的画家。你可能不知道的是，他居然还是雕刻家、建筑师、音乐家、数学家、工程师、发明家、解剖学家、地质学家、制图师、植物学家和作家……我的天，达·芬奇居然是这么多"家"（见图3-4）。

还有一个大师也让我称奇，赫伯特·西蒙，决策学理论的奠基人。没想到，他除了是芝加哥大学的政治学博士之外，还拿到过这么多学位，其中不乏耶鲁大学等名校的学位……（见图3-5）。

我心中的第三个"牛人"是谁呢？鲍勃·迪伦，乔布斯最喜欢的流行歌手，获得过数不清的音乐奖项。可他居然还获得过很多跟音乐无关的顶尖奖项：奥斯卡金像奖、金球奖、普利策奖、诺贝尔文学奖……（见图3-6）。

图3-4　达·芬奇的多重身份

图3-5　赫伯特·西蒙获得的多个学位

图3-6　鲍勃·迪伦获得的多个奖项

你有没有被击中？当时我整个人都不好了：为什么人跟人的差距这么大？这时，刘润老师抛出观点，是句"大道理"：人生，就是一种商业模式。有的人换回了全世界，有的人却一无所获（见图3-7）。

图 3-7　刘润老师线下课程 PPT

这句话在大屏幕上出现时，我特意观察了台下听众的反应。大家一边点头，一边拿出手机拍照。把道理变成情绪，唤起听众内心的期待，是一整天课程的重要"前菜"。

回到我们自身的表达，如何把想传达的道理变成听众能感知的情绪呢？不妨问自己一个问题：<u>我曾经被什么打动，发生过哪些改变？</u>让你明白"道理"的，不是道理本身，而是一段经历、一个故事。努力回溯这些改变发生的瞬间，抓住自己流淌过的情绪，把这些经历和故事讲给别人听。

> **马上就练**

我们之所以必须用情绪来诠释事实和道理，还有一个很重要的原因：事实和道理可能存在歧义，但情绪不会。情绪不光具有感染力，还可以帮你找到真正在意和想说的话。

情绪起于反差，情绪被触发的瞬间，脑海中会闪过"起心动念"，这些话题在接下来的"预期""故事"两章，我们还会继续探讨。

当我提到"公开演讲"时，你想到了什么事？心头涌起了什么情绪？你的收获和感悟是什么？不妨带着你的思考，阅读下一节。

使命召唤：是什么让你愿意不断努力，成为更好的自己

"成就感"能抬高演讲的底线，
独一无二的、宏大的"使命感"能帮你不断攀登高峰。

看完手机发布会、课程开场白这两个例子，再来思考：雷军和刘润为了什么去做这两次表达？他们的目的是什么？是告诉听众一些信息吗？是"手机有三个颜色""人跟人的差距很大"吗？

可能雷军最希望听众记住的，不是那部手机，而是小米拼了命地"为你好"；刘润希望听众记住的，不是那句大道理，而是让学员意识到"我的人生也有意想不到的可能"。所以，如果再往前推进一层，"表达"希望达成的"目的"本身，就是唤醒某种情绪，因为只有情绪才能推动行为。

1. 把"目的"变成情绪

为什么大多数选秀类的节目最后都会进入卖惨模式？虽然有争议，但也折射出一个事实：如果你希望自己或自己的产品"被选择"，最直接有效的策略，就是瞄准听众的情绪下手。最典型的，就是各种希望听众掏钱"买买买"的带货直播、发布会。

一起脑补几个产品：比如，假设褚橙品牌要去做广告、开发布会，你作为听众，会在乎橙子的个头有多大吗？会在乎橙子有多甜，橙树的日照时间有多长吗？这不一定是你最关心的。打动你的，是品牌创始人褚时健的中国企业家精神——"人生总有起落，精神终可传承"，是他 70 岁高龄还能东山再起、鼓舞人心的力量；再比如，很多人选择电动汽车，难道只是因为性能好、性价比高？不全是。事实上，很多车主是想为自己塑造不一样的人设，如环保主义者、科技新锐，他们崇尚极客的探索精神，坚信创新改变世界。

情绪有了，表达的目的也就达成了。

我们看着台上的演讲者，心中默叹：讲得真的很棒，受益良多！但一段时间以后，你能回忆起来的，不是他当时讲了什么，而是"他真是一个很厉害的人"。就算你是台上的那个演讲者，你表达的"目的"，可能也并不是让听众记住具体的"内容"，而是制造难忘的"情绪"体验。

2. 把"动机"变成情绪

如果说把事实、道理和目的这三个因素变成情绪，是为了拉近你与听众间的关系，那么还有一个因素可以让你借用自己的情绪，拥有一往无前的力量。这个因素就是"动机"，即是什么驱使着你，必须做这次演讲。在你这次表达的背后，是不是也有你自己的情绪？

很多年前，我去一个青年创业论坛，分享"怎么做商业计划书"。那天有一个省里的领导，他在致辞时，先表扬了省内创业氛围浓郁，百花齐放……接下来话锋一转：居然还有人专门研究怎么做PPT……

今天我知道，这句话其实并无恶意。但当时我还年轻嘛，你大概能体会我的心情——我觉得被轻视、冒犯了，心里憋着个小火苗。我登台后使出浑身解数，表达自己给创业者带来的价值。几年过后回想那天，我反倒觉得当时的演讲状态是那些年里最好的。这样的情绪，在一场演讲里非常重要，能让人维持在一个很高的能量区间。

这种由动机转化成的情绪，是我在帮助演讲者完成表达的过程中最最看重的部分，于是我也经常调侃自己的工作，是在做"心理辅导"……演讲这件事，说实话，至少在准备阶段肯定有些反人性、反常态，虽然我们已经很温柔地去鼓励演讲者，尽力挖掘素材内容、做彩排准备……可加上日常工作生活的压力，还是时不时会有人打退堂鼓。

我曾见证一位演讲者的困顿时刻，他接到了公司的演讲任务，却不知道为什么非要登台讲自己认为对别人没什么用的工作日常。为了这个20分钟的演讲，他放下手头一切事务，拼命改稿、准备。

这是典型的面对演讲缺乏能量的状态。状态不对，内容不可能精彩，我向他发出了几个"灵魂拷问"——你们在随处可见的小小瓶盖上，做着世界最前沿的探索和努力，你难道不希望让更多人知道吗？

你们不甘看到国外的技术领先、专利封锁，这份支撑你们弯道超车的"不甘"，是不是可以带给其他行业更多力量？

我接着问他：这个舞台是不是一个绝佳机会，把你们披荆斩棘的决心和克服困难的方法告诉更多人，影响更多人？他愣了几秒钟，然后点了点头。

对一次表达来说，成就感能抬高底线，而拔高上限的，一定是独一无二的、宏大的使命感。什么是把"动机"变成情绪？动机会变成一个人、一个团队、一家公司的"使命"，<u>找到推动自己向前的情绪，把"使命"告诉更多人、影响更多人。</u>

这位朋友演讲结束后，有听众联系到他说：作为他的同行，感觉自己有了新的目标，换个角度看待自己枯燥的工作，感到人生被照亮了。我想，我们在表达中获得的力量，都会变成源源不断的动力，让我们面对人生中一次又一次的挑战。

马上就练

我认识一些朋友，他们开玩笑地跟我说，感觉公开表达让人摸不透，有时有如神助，有时就怎么都不顺。现在，你应该知道这是为什么了，因为动机背后的情绪决定着你登台的状态。留给你思考的问题是：你有没有经历过明明是讲一样的内容，实际表现却相差极大的情况……怎么办？

例如在公司内部讲得特别好，去合作公司讲就总是磕磕绊绊的。试着从情绪层面，帮自己找几个解决方案吧。

坚定真诚：剥离情绪的表达，不会让你显得更专业

什么是"真诚"？
顺应自己的情绪，
做最真实的表达。

一次好的演讲表达，就是把一切内容都变成了情绪：事实、道理、目的、动机……在此我想问个问题：当你准备一次表达时，是先有的内容，还是先有的情绪？你可能会说：当然是先有内容，内容就像食材，而情绪只是佐料。

真的是这样吗？

1. 先策划情绪，再策划内容

我们看过那么多大片，对导演和编剧的套路也早就摸清了。他们是怎么进行情节创作的呢？如果你是一部大片的导演，是先想好世界末日、时空穿越、反派来袭、英雄陨落……这些情节，还是先想好一条从悲观绝望开始，一路逆袭的情绪曲线？

最出名的编剧结构叫"英雄之旅"，出自约瑟夫·坎贝尔，他从神话故事中提取了一个模板：主角一开始过着平淡的生活，然后接受召唤，经受考验和磨难，最终得到救赎、重获新生。从古至今，大家喜欢的故事结构没有发生根本变化，所以一部电影最先构思的一定是"情绪"，确定跌宕起伏的大方向之后，再填入精彩纷呈的情节。

先情绪再内容，这同样是策划一次演讲表达的顺序。看到这里，你可能会有疑惑，因为这跟平时的想法不一样，至少平日里做工作

汇报好像不是这样的……还记得之前提过的我本人做工作汇报的例子吗？即便今天提起这段往事，我依然能回忆起当时的情绪。

我见到的大多数枯燥的汇报，都是用力方向错了。很多人是在试图"剥离"感性，希望自己表现得更加职业和理性。但请记住，"顺应"情绪往往是表达上更好的选择，工作汇报同样如此。我们常说多些真诚，少些套路，什么才是真诚呢？<u>顺应自己的情绪去做最真实的表达，就是真诚。</u>

2. 内心自洽，表达最有力

我去过一家企业帮总裁做发布会的演讲策划。这家企业在所在领域已经深耕了30年，但最近行业变化剧烈，作为头部公司它也遭受波及，销售额下跌了四成。更令人担心的是，为适应市场，接下来它必须把年销售额过10亿元的拳头产品更新迭代。老产品被迫下架，新产品立足未稳，想想就知道，短期内公司竞争力肯定会大幅下降，这无疑是雪上加霜。

这次发布会真是这家公司最纠结的一次，第一次看到这位即将演讲的总裁，我发现他把愧疚写在了脸上。可能他都没发现，潜意识中，他把这些挫折和动荡归咎于自己了……

我说，如果你是这种状态，那你登台后一定无法感染、激励伙伴们。要坚信现在的困难都是暂时的，市场基本盘没有动摇、产品口碑稳定，熬过最艰难的时期，未来必定一片光明。

你要相信自己、不断暗示自己所做的一切都是最正确的，是真的在为伙伴们着想。<u>内心自洽、坚毅果敢一直都是演讲表达最重要的</u>

基石。

只要你也能调动好情绪，表达就不是难题。如果你在准备演讲时，总觉得很难投入，或者你在登台的时候，发现自己讲得平淡无奇，甚至觉得演讲这件事本身就是煎熬……其实不光是演讲——如果你迟迟不敢打一个电话，如果你对着另一个人却不敢迈出关键的一步，如果你对自己做的事情不够自信……那我建议你，不妨从以下3个方面思考。

（1）你不是在代表谁说话，也不需要对一个职业或角色负责，你可以有自己的立场。

（2）同样，你也可以有自己的态度，推动你的是内心真实的情绪。

（3）你还要坚信，你做的事有着非比寻常的意义，你能影响甚至改变很多人。

马上就练

与真诚相反的，就是所谓的"油腻感"了。油腻感来自哪里？可能是由于过于面面俱到，而展示出的过分的游刃有余。我见过个别教别人演讲的老师会不自觉地表现出油腻感，他们的顿挫、疑惑、恍然大悟……都透出浓烈的设计感。

主办方介绍演讲者登台时放了一段录像，演讲者接过话筒谦虚几句，自嘲："刚才介绍的是我吗？我没那么厉害吧？"这可能还算是恰到好处地放低身段；我曾经看到一位演讲者，他在介绍自己的录像播完后登台时说了一句："刚才视频里的人，真是装腔作势、自命不凡！"这就属于有点过度设计了，既然这么不喜欢这个视频，可以不拍，或者跟主办方说一声，不放了……

"油腻感"是过分游刃有余地使用套路；而"少年感"则是永不知足地探索和努力，哪怕不完美，哪怕略显笨拙。而一场演讲表达，如果演讲者能把一切技巧都忘了，展现真实的一面，最好。

"藏巧"是更高级的表现力。想一想，怎样让自己在台上展现出恰如其分的真实感甚至笨拙感呢？

正向暗示：情商，就是处理"差异"的能力

> 保住一次演讲表达的底线，
> 先要尽量削弱冒犯感，
> 保证与更多人兼容。

"暗示"是强大的力量，心中默念"千万别紧张"反倒格外紧张。我认识一位客机乘务长，她在劝暴怒的乘客时，从不说"您别激动"，而是说"您可以……"：您现在可以坐下来，慢慢跟我讲。类似的还有，别说"问题"而说"差距"；别说"这不行"而说"我担心"。换几个字而已，情绪和态度立刻就变了，关系也更亲近了。这就是最简单的提高"情商"的方法。

有一次我跟一对情侣聊天，女士说："前几天在家，聊了我俩之

间的矛盾。"我说先等等，咱能不能换个词，聊的不是"矛盾"，而是彼此的"个性"。还有一次，我跟一群家长聊孩子的教育，有个家长对我说："你说的'鼓励'确实重要，但也不能永远鼓励孩子吧？期待你分享怎么批评孩子的话题。"我的回复是："咱们接下来的话题，只有'给孩子建议''帮助孩子改变'，没有'批评'。"

情商不是讨好，也不是虚伪的人情世故，它是一个人的能力、智慧。经常会听到谁跟谁"性格不合"，两人明明和其他人相处得都不错，但就是跟对方合不来。什么叫性格不合？就是他们缺乏处理某种"差异"的能力。如果不拘小节的人没法跟严谨的人成为好朋友，这是二者的损失。如果他们能处理这种差异，他们的兼容性也就提高了。

先抛出一个听上去有些极端的观点：演讲对听众而言，天然就带有冒犯感。为什么？我们希望通过演讲让听众能"发生改变"：努力工作、爱护环境或者能记住我这个人……可你想，"改变"是不是或多或少会让人不舒适？如果一个人内心敏感，他就会想：这是不是意味着原来的我"错了"，认知偏狭了，格局小了？或者想：这个人小嘴儿叭叭的，怎么就他这么能呢？这种心理感受就是"被冒犯感"，是一道天然存在的隔阂。

身为演讲者，要想影响别人，先要学会消解这部分冒犯感。好在这不难做到，给你几个特别具体的建议。

1. 不要求别人，所有观点要从"自己"出发

严以律己，宽以待人。"你听懂了吗？"和"我说明白了吗？"，意思完全一样，但从"你"换到"我"，让人感受截然不同。"你应该

努力"，听者会觉得被教做人了，还带着指责的意味，但如果是"我希望看到你的努力""我期待看到你的成绩"，或者是"我们团队需要你的力量"，听者的被冒犯感就会被消解掉不少，可能还有点儿被鼓舞。

从自己出发，避免了教人做人的冒犯感：我只是在分享我自己的经历，甚至我知道这段经历可能是片面的，只是希望能对你有所启发。当你有了"从自己出发"的视角，试着品一品，"请见谅"和"很抱歉"这两种措辞是不是有微妙的不同？

2. 不向上归纳，要肯定对方的付出

警惕以下这几种说法——反正我每次听到，都会有点不高兴。例如"我知道"：你辛辛苦苦说了好多，对方一句"我知道"，感觉自己都白说了。这句"我知道"就是向上归纳，覆盖掉了你试图传递的善意和努力。类似的还有"无非是……""其实"：你说了这么多，无非是这4点；这其实是什么什么问题……这些都是在对别人的观点做"归纳"。

不是说不能对一次发言做总结，而是我们可以用更好的方法。别说"我知道"，而说"我跟你的想法完全一样""咱们真是想到一块儿去了"。别说"无非是"和"其实"，而说"我听完你的话，记录了这4点，我复述一下，如果理解错了请你指正补充"。

3. 不主观评价，要对事不对人

当冒犯不可避免时，比如你需要表达不满，必须去批评谁时，我

建议至少要做到"对事不对人"。"你太懒散了",这是对人,直接给这个人定性了。所谓杀人诛心,你说我懒,这是你的主观评价和想法,我很难反驳;而"对事"呢?先说一个事实:

昨天培训我看你 15 点就离场了,你没遵守会场纪律。

对事不对人,让你的建议甚至批评更容易被接受。你不是对"他"有偏见,而是在讨论这件"事"本身,"对事"才让对方有解释的余地:

昨天培训我确实提前离开了,因为客户来公司找我,忘跟你说了,抱歉……

关于对事不对人,我想再做一点延伸,来自一位心理医生朋友带给我的启发。他说:为什么我们身边会有人想不开,甚至主动结束自己的生命?因为有时,他们错把"问题"跟"自己"画上等号,觉得自己就是问题本身。这就麻烦了,因为当问题解决不了时,就只好解决自己了。

这是对我们非常重要的提醒:事情进展不顺或者眼下遇到什么难题,这都很正常,<u>不要把待解决的问题跟具体的某个人画上等号</u>。心理医生怎么提建议呢?他们行业内有条铁律,绝对不能说类似"我来帮你治疗抑郁症……"这样的话,而是要说"来,咱们一起把你遇到的麻烦解决掉"。心理医生主动站到患者身边,不断把"人"和"问题"做明确的区隔。

总结几点启发,消解日常沟通表达的冒犯感:

- 从自己出发,不是"你应该",而是"我希望"。

- 不向上归纳，用肯定的姿态做总结："我听到的是……我没理解错吧？"
- 对事不对人，人不是问题，问题才是问题。

能给出正面情绪价值这件事，对于身处当下和未来的我们尤为重要。特别是当面对年轻人的时候，很多沟通阻力也源于此。为什么老一辈人更"皮实"，年轻人反倒更脆弱？因为后者面对的信息量更大、来自周围环境的压力更大……留给自己消解负面情绪的空间却更小。所以他们宅，说自己"社恐"。这也对未来领袖的"情商"提出了要求：想具备与更多人兼容的能力，第一步就是消解负面情绪，让人看到正面情绪价值。

马上就练

回忆一下，人最强烈的负面情绪一般在哪一刻爆发？——吵架。脱口而出的话最伤人，我发现在吵架时说出的伤人的话都是在向对方表示：我不想跟你继续沟通了。

"我不想听你的废话！"

"你说什么就是什么吧，你说了算还不行吗？！"

"你这么想，我也没办法。"

争吵、暴怒是有解的，哪怕身处极端情绪之下，也可以先打断负面情绪，使情绪重回正轨。千万慎用"阻隔沟通"的方式，因为这是冷暴力，情绪不会消解，只会累积。我特别喜欢得到 CEO 脱不花在

《沟通的方法》里说的一句话：沟通是一场"无限游戏"。

与其因情绪"上头"追悔莫及，不如提前约定。比如我和夫人就约定好：①我们可以提议冷静几分钟甚至一小时，但不能关闭沟通通道；②情绪"上头"时，如果有人站出来做个鬼脸或说出暗号，对方必须搁置怒气，给个爱的拥抱。

所以我提议：跟你爱的人做个约定吧！类似的约定，我想也能用在企业文化和管理中。

提出建议：记住这三句万能管理沟通口诀

> 提建议的万能口诀：
> 你没有错，你有选择，你有帮手。

消除双方分歧，最常用的方法就是"提建议"。彼得·德鲁克说过，管理的本质是激发善意。怎么让别人更认同你、听从你的想法呢？这需要强化管理沟通的能力，管理沟通的对象不只是"下属"，很多时候我们要向上管理，甚至发挥非职权领导力，不依赖任何职位上的优势，管理对方的预期和行动。

只要你希望影响对方的行为，都可以默念这三句口诀：你没有错，你有选择，你有帮手。这三句口诀不光能助你获得支持，还能助你收获好人缘。

口诀怎么用？举个例子吧，你有没有接过吃力不讨好的任务，比如收调查表、周报。

我在职场中时，对交周报这件事多少有点抵触情绪，我想有些人可能跟我一样，也没把它当回事。可如果你是"收周报的人"怎么办？对方不交就罚款？跟领导打小报告？好像也不至于上纲上线，职场中很多事是不能用制度、奖惩来推进的，这时良性沟通就成了必不可少的润滑剂。

第一句口诀：你没有错

高情商的人，会时刻肯定对方的动机，不论遇到什么状况，都不预设对方是"坏人"。如果沟通的态度是："你说好今天交，怎么没点时间观念？！是不是不给我面子？！"可谁愿意承认自己是"坏人"呢，这就导致越说越僵……这样的沟通大概率解决不了问题；即便貌似解决了眼下的问题，也可能埋下了埋怨的种子。

"你没有错"的态度，是良性沟通的大前提："忘记交周报很正常，这段时间大家的工作压力都不小，辛苦了。""你没有错"，就是不让双方站到对立面上，不陷入对抗的负面情绪之中。

我特别喜欢一句话：宁可认为对方是愚蠢的，也不要认为他是坏的；宁可认为对方是无知的，也不要认为他是愚蠢的。把人往好处想，尽可能淡化负面情绪和恶意。在职场中大多数情况下，只要没涉及底线操守，我们都可以试着用"不争对错"的姿态来开展每一次沟通。

你可能会问：现实真像你想的那么美好吗？如果对方真的又坏又蠢呢？无论如何，我们要做的就是站在当下，面对未来，过去怎样也许并不重要。"不争对错"的心态会极大提高协作效率。回想一下，很多公司内部沟通效率低，不正因为大家都在争谁对谁错吗？！先接纳认可，再做讨论，不争对错，而争人心和共识，着眼未来更广阔的可能性。

第二句口诀：你有选择

如果直截了当地说"请你务必周五 17 点前交周报"，行不行？虽然你有权向对方提要求，对方也觉得这个要求没什么问题，可心里或多或少还是会觉得被强迫了。沟通的效果怎样才能更好？可以多给对方几个选项，如："如果可以，周五 17 点下班前交给我吧，早下班陪家人，否则咱们还得一块儿加班……"这么一比，对方心想：那还是早交吧，那样就可以愉快地过周末啦。

沟通高手都不会直接命令对方，而是把主张变成对方的必选项。"你想继续卖一辈子糖水，还是一起改变世界？"这是 1983 年乔布斯在游说百事总裁约翰·斯卡利时说的经典名言。对啊，两种未来，你自己选一个。对听者而言，安全感就意味着有"选择权"。棘手的沟通难题也可以通过增强互动来巧妙化解。

我认识一位医院的管理者，有一年，医院准备翻修并扩充住院部，其间患者还得正常留院，对于敲敲打打他们肯定不乐意。这位朋友除了合理规划施工之外，还做了一件非常重要的事，让护士去每个病房发调查问卷：大家希望医院有哪些变化啊？是在这边加个花坛，还是在那边添个饮水机？如果再向外扩展几个房间，觉得怎么样？

这个方法很巧妙，用调查问卷下达改建施工的通知。如果没有这个调查问卷，摆在患者面前的就只有被动接受。惯性无处不在，大部分人其实不愿意改变。可一旦让患者掌握了自主选择的权利，事情的走向就不一样了。选择权，带来了参与感。他们纷纷给出了自己的建议，至于可能带来的不便，就好接受多了。"你有选择"，让被动接受变成了主动参与，善意就被激发了。

第三句口诀：你有帮手

作为提建议的人，你愿不愿意为建议付出点什么努力？总不能只说风凉话吧。只要愿意提供帮助——哪怕一点点，你跟对方的关系就会瞬间不一样。比如说："我先给大家写个模板吧，快到交周报的时候，我提前在群里吆喝一声。"别人看到你愿意为此付出，就会把你归为自己人。大家的关系，也就不再是"你命令我"，而是一起解决问题。

将三句口诀串到一起，再来感受下。

辛苦了，最近咱们团队工作确实很多，大家都在熬夜加班。这周的周报要是能在17点前提交就太好了，大家都早点下班，周末好好放松。我给大家一个模板参考，到时候再提醒一下。

如果这样提建议，别人又怎么会抗拒呢？你没有错，你有选择，你有帮手，这三句口诀，就是用自己的善意去激发他人的善意。

实际上，获得别人的协助，让别人愿意按照你的想法行动，这就是一个人的"影响力"，以上的例子只是一个小小的沟通场景。所有MBA商学院，都把管理沟通视作非常重要的话题，也只有靠沟通，才能让大家更好地联结在一起，实现共同的目标。

> **马上就练**

我把职场"不争对错"的观点带到了很多知名 MBA 商学院，绝大多数同学表示认可，也有同学认为对就是对、错就是错，还是清晰界定更好。乔布斯说过：跟厉害的人共事，不用太顾及他们的自尊。确实，有很多组织推崇"低情商沟通"，比如网飞（Netflix）。但需要提醒你的是，低情商沟通是需要以下列组织文化为前提的：

- 团队价值观和信念感趋同。
- 以自评型人格为主，成就感源于对自己的认可。
- 具有强烈的目标感和结果导向。
- 领导者有掀桌子的底气和强大的控场力。

如果你听到了对方包含"对错"的说法，或者你的脑海中冒出了"对错"，可以提醒双方或自己切换思维，展开更有建设性的讨论：从收益出发，要不要做；从风险出发，该不该搏；从能力出发，能不能干；从结果出发，划不划算。

这样，我们才会展开更多更有价值层次的思考。

拥抱紧张：紧张的情绪，有时并不需要被"克服"

我们对于"怕犯错"的焦虑，
有时比真犯了错，还要严重。

既然谈到了情绪，就一定避不开表达中的"紧张"。紧张是演讲者最担心的"情绪"，一旦发生，轻则言语失调，重则黯然离场，很多人会本能地把紧张归为必须"克服"的负面情绪。大多教授演讲的图书，也会把"消除紧张"作为头等大事。

我看过很多关于"紧张"的理论研究。很多学说都指向了人类的大脑结构，提到了大脑里有一个神奇的杏仁体，时刻关注着外部的危险：如果被很多陌生人盯着，那肯定是有危险，必须赶紧逃命。久而久之，这种本能便被写进基因，所以今天的我们在面对陌生人或一群人时，也会不自在。

也有人说，克服紧张要做万全准备，事无巨细地踩点、彩排……只要一切尽在掌握，自然胸有成竹。有的人还传授经验，"不要去想登台后的场面"——这条我是真做不到，要我"不去想"的瞬间，我已经想了10遍……

听过很多道理，可还是会紧张，怎么办？如果你需要在表达前的几分钟内快速平复情绪，我给你一个特别简单的诀窍，就是把"紧张的情绪"实体化：把紧张想象成一张纸，把它揉成一团扔掉；把紧张想象成手上的水，把它甩出去；或者想象紧张就在你手心里，握紧拳头把它碾成渣渣。<u>心理暗示加动作，能帮你摆脱原本看不见摸不着的失控感</u>，你可以试试。不过这不是重点，本节最想分享的是与紧张共舞的心态。

1. 万全准备，依然防不胜防

2009年，我成为当时所在公司的内训讲师，经常去各地网点做培训；2018年，对公开演讲早已轻车熟路的我，却在一次演讲培训的教练自我介绍环节，紧张到卡壳……回想那次尴尬的经历，起因是摄影师一直近距离抓拍，闪光灯和快门声让我严重不适……而我一直对表达挺自信，却总被夫人吐槽照片丑，因此对出镜没什么底气。学员在我面前，相机在我视线不远处，我看也不是，不看也不是，一慌一走神，脑子就空白了……

当下回过神，有点懊恼。身为演讲教练，登台紧张是有点毁人设的，但很快我就想开了："紧张"不是被写进基因了嘛，别跟它过不去，不丢人！

在演讲教练的职业生涯中，我见过特别多"怕犯错"的人。他们取得过非凡的成绩，于是有了"偶像包袱"，对自己要求也很高。看着他们认真的样子，有时很敬佩，有时也真心替他们心累……对即将登台却忧心忡忡的他们，我给的建议是：放过自己。

2. 比"不犯错"更重要的，是"学会补救"

什么叫放过自己？我会用一招来应对所有突发状况，这招前文讲过，就是"展现情绪"。告诉听众自己"为什么紧张"，不仅会缓解紧张感，而且会拉近你和听众的距离。被摄影师干扰后，我主动跟学员坦承了夫人对我形象的"嘲讽"，现身说法，在自我介绍环节提前上了一课。随后大家笑笑，这事就翻篇了。放过自己，因为真没人盯着你的失误不放。

我们对于怕犯错的焦虑，有时比真犯了错，还要严重……为什么常说要"放下包袱"？因为不放下包袱，你要兼顾方方面面；一旦放下包袱,你的注意力会被重新分配,你反而能够勇往直前。

想克服紧张,你可以告诉自己:"完全不犯错"很难,但"真诚地补救"很容易。

3. 保住"底线",顺便找好万无一失的"退路"

学会补救,能卸下大部分心理包袱,但我们也明白,有些事没办法补救,必须提前检查到位——这就是我们要保住的"底线"。

有哪些事无法补救呢?告诉你一个秘密,这个秘密我在此之前从未透露过。每次登台前,我最后的准备就是去趟洗手间,认真检查确认裤子拉链一定是拉好的。在我心里,电脑崩溃、话筒没声、突然停电……这些都可以补救,唯独这条拉链,是我无能为力的"底线"。换言之,只要确认保住了底线,紧张感也就缓解了,别的通通不是问题。这就是"底线"带来的强大心理暗示:一旦核实,再无畏惧。

当然了,有的场合对底线的要求会更高。代表公司进行重要发言,仅仅把握穿着得体的底线还远远不够……"紧张"恰恰来自这种不容有失的压力,既然如此,能不能给自己找条退路呢?比如直播时放个提词器,或者在镜头拍不到的地方准备个稿子……这些虽不是上策,但比起头脑空白,找好退路也不失为一种保住底线的策略。

既然紧张对我们影响这么大,何不抓住每次机会,在一次次紧张中成长呢?作为对自己有要求的成年人,我们不能让同样的错犯两次。所以,每一次紧张,都是在为我们"注射抗体"。很感谢几年前那次紧张的经历,虽然今天的我依旧不上相,可我早已知道如何面对镜头,对闪光灯的恐惧也渐渐消除了(在第八章,有一节专门介绍面对镜头的小技巧）。

回到一开始提出的问题：如何克服紧张？想象着把紧张情绪实体化，帮自己找回掌控感；更重要的是，你已经认识到了紧张是本能，要试着放过自己。顺应情绪的表达更为真诚，有时候，保留点"紧张"并不是什么坏事。

> **马上就练**

除了刚刚提到的方法，还有一个更主动的思路：登台后先抛出一个设计好的问题。不是怕紧张吗？咱们先让别人说，反客为主，平稳撑过前3分钟，适应舞台之后慢慢也就不紧张了……你能不能也为自己设计一个开场的互动提问呢？我给你的建议是找到一个能"启发情绪"的问题，比如假设一个真实场景，问大家的感受；或是问大家最希望你的演讲解决他们的什么难题。

如果你看到别人在台上紧张了，最快帮到他的方法不是鼓掌，而是问他问题。头脑一片空白时，"问题"就是一道指引方向的光。这个小技巧能帮你解人之围，收获一段真挚的友情。你也可以提前设计好问题，放在演讲要用的PPT里提醒自己。

【案例分析】能被感知的价值，才是真正的价值

调节情绪的3个心态：①用感性推动理性；②肯定对方的动机；

③抽离多余的情绪。

当你翻到这一页时,第一模块就要告一段落了,希望这三章能帮你想明白"我们为什么表达"。在第一章,你收获了一个视角,进入曾经触动你的时空;在第二章,你收获了一个立场,把话题变成听众关心的问题;而在第三章,我想给你一种情绪思路:把想表达的一切,都营造成"一种感觉"。

360公司的创始人周鸿祎曾在《极致产品》中提到一个观点:做产品不能自说自话,重点在于要让价值"被感知"。设计一款路由器,如果非跟用户强调科技含量,告诉他们采用先进的隐藏式天线,小巧可人不占地方……这样能行吗?实际上,大多数用户就是看"天线"选路由器的,本能地喜欢那种带着8根天线的庞然大物。因为大家在潜意识里觉得,8根天线能让信号"释放"得更强烈。对路由器来说,天线就是"可感知价值"。

演讲表达同样如此,你的道理都对,但这不重要;重要的是让对方也相信,与其纠结内容,不如传递情绪,营造"一种感觉"。人们审视自己时经常过于理性,打量外部时却又非常感性,所以在准备一场演讲时,容易掉进"内容陷阱"而不自知。

一次业务竞赛宣导,别纠结"怎么说清楚规则",重要的是营造"我很想参与"的感觉;产品发布会别纠结"面面俱到的参数",重要的是放大几个功能,营造"对我真有用"的感觉;述职竞聘,别一味地堆履历、强调"做过什么",不如用细节告诉面试官"我靠谱,且潜力巨大"。

先有情绪，再有内容，这个观点可能与我们过往的认知截然相反，以致有人会问：这么设计表达能成功吗？接下来，我借三个小故事来聊聊这几年我的收获。

1. 用感性推动理性：找到合理的情绪

感性和理性的关系是怎样的？我曾一度认为两者是对立的。遇到情绪失控的人，我们的第一反应是：你冷静一点。一位朋友用故事告诉我：理性思考不能对抗感性情绪，反倒是覆盖一层更强烈的情绪，才能帮我们展开新的思考。

这位朋友叫 Yoyo，曾是某卫视负责大型活动的总监，统筹策划过一场知名的选美大赛。选手们在台上光鲜亮丽，可在台下吃的苦常人难以想象。Yoyo 遭遇了一个突发状况：决赛前夜，一位选手在重压之下崩溃，哭着要退赛。Yoyo 是如何安抚她的呢？

首先，是有温度的肢体接触，送拥抱、递热水，甚至蹲下帮她按按脚；然后，不评论，不讲道理，用提问的方式了解情况、缓和情绪。光是这两点，已经让我受用不尽了。接下来最厉害的来了，等这位选手冷静之后，Yoyo 让她想象一个场景：20 年后的你，会如何看待今天遇到的困难？

选手的思绪穿越到 20 年后，中年的她可能已为人母、青春不再……参加顶尖赛事是人生难得的荣耀……相比而言，眼前最后关头的这点苦又算得了什么？进入情绪的那一瞬间，这位选手擦干眼泪，咬了咬牙。最终，她获得了亚军。

好的表达，就是借特定的情绪，去帮别人做决定。只要能把听众带入新的情绪，甚至不用多说什么，他们就会自己得出结论。不妨试试"终局思维"，拉长时间的维度，站在终点看现在。就像乔布斯提醒我们的：如果你把每一天都当成最后一天来过，就会知道什么是自己最希望实现的，什么事又是非做不可的。

2. 肯定对方的动机：绕开负面的情绪

你可能还发现了一个细节，这位安慰人的高手 Yoyo 从头到尾都没有评判选手退赛的想法是否正确，也没劝她应该坚持、应该努力……而是不评判、不将观点强加于人。"评判"很容易唤起对方的负面情绪，意味着在告诉对方"我觉得你做得不对，你的动机有问题"，那对方也肯定会用各种方式反抗。

我们前面提到过，表达观点尽量从自己出发，<u>千万别给对方带来负面情绪。情绪不对，说什么都不对</u>。

我跟夫人也会吵架，但我们商量好，向对方提意见必须遵从这个表达思路：事实 – 感受 – 期望 – 请求（出自著名的《非暴力沟通》）。举个例子：

我看你最近经常玩一个游戏（事实），我觉得你投入的时间过多了（感受），咱们还有很多事要做，例如写书、做课程（期望），能不能更合理地安排你的时间（请求）？

这个方法不只适用于家庭沟通，当你需要给同事、朋友提意见的时候，也要试着放下评判，回到这个表达思路上来：<u>事实 – 感受 – 期望 – 请求</u>。

好的表达方式，绝对不会质疑对方的动机。因为大多数人都会为自己的错误行为找到一个充分正当的理由，借此来维护内心的秩序。"我不是贪玩，我只是压力大需要调整""我不是工作偷懒，都怪老板不懂我的才华，我很难与他相处"……

肯定对方的动机，就是先要告诉他"你没有错"，这是避免负面情绪的第一步。"我知道你这样做，是为了大家好""有点可惜，可能中间出现了一点偏差，所以我想和你商量一下，如何把这件事做得更好"……

3. 戴上六顶思考帽：抽离多余的情绪

案例中，Yoyo 只需要面对"崩溃"这一种情绪，而很多时候，我们面临的挑战是：要在同一时间，面对同一件事背后的多种情绪。

一件事背后怎么会有多种情绪呢？你正在规划公司的未来，大家献计献策、跃跃欲试，天马行空地畅想。这时，旁边有位冷静的大哥提出担忧："市场环境、公司资源、办公人手……我觉得这件事做不成……"什么感觉，丧不丧气？可这位大哥提出风险，有错吗？没错，只是他打断了其他人的情绪状态，有点不合时宜。

面对同一件事，有的人乐观，有的人悲观。在这个过程中，就算我们不评价谁对谁错，情绪的分歧也一定会影响大家的沟通效率。如果你也曾遇到类似情况，可以试着用一个沟通工具：六顶思考帽。这是在管理沟通中常用的经典工具。简单地说，就是大家在讨论一件事时，从几个不同维度逐一拼凑信息，最终得出结论。例如先罗列客观事实，再强调价值意义，接着讨论风险，最后给出创意和行动……

在过去几年,我每次用"六项思考帽",都收获了神奇的效果,讨论效率大幅提升。我恍然大悟,六项思考帽是在帮大家统一情绪。讨论"困难"时,就别总想着"收益"和"机会";同样,讨论"价值"时,就不要陷入"创意"和"风险"……在同一情绪维度下思考,自然能提升沟通效率。

本章小结

我们提到了表达思路——事实 – 感受 – 期望 – 请求,这一点非常重要,因为在真实世界里,很多误会往往源自忽略了"事实"和只强调"感受"。

如果直接说"你讲得很无聊",这不是"感受",更不是直言不讳,而是典型的带有冒犯的"评判"。可如果说"我在第5分钟的时候走神了",这是"事实"还是"感受"呢?是否会冒犯对方,很大程度上也取决于对方的自尊水平。这样说有时对方也会感到被冒犯了:高光时刻你不提,偏偏说走神揭我的短!

就算非要冒犯、拒绝对方不可,记得编一个虚拟角色出来,让最高决策人不在现场,例如:我是没意见,但我家做主的是我太太；不是我不帮你，是公司有规定……

　　我在梁宁老师的课上听到"人欲即天理""合理的部分是理性，不合理的部分是人性"，一再被击中。表达这件事之所以值得我们去探索，就是因为听众的复杂多样性。掌握情绪，不论是控制自己的情绪，还是触动别人的情绪，都不容易。感知世界，叩问自己，是我们一生的修行。

　　接下来正式进入第二模块，我会用结构框架帮你梳理内容，不光要说得漂亮，更要让听众发生"行为的改变"。

情绪驱动

情绪推进
与特别的情绪站在一起
让自己成为难忘的人

⌃

事 实	道 理
匹配你的人设	讲出你的改变

情绪

目 的	动 机
制造难忘体验	找到成就/使命

⌃

坚定真诚
顺应情绪、内心自洽

⌃

内容推进
陈述客观事实
不够生动

第二模块

我们怎么去表达

04 预期　**05** 故事　**06** 虚实

第二模块
我们怎么去表达

我们用整个第一模块，介绍了"为什么讲"：做自己、送礼物、找情绪，注入"能量"。接下来第二模块的重点，是真正地做到"影响听众"，让改变发生。怎样评价一次表达是否有效？唯一的检验标准，就是看这次表达是否促成了某种"改变"。

如果用一个词为即将开始的第二模块做归纳，我认为是"预期"：我们要满足听众的预期。什么是"预期"？据《新华字典》注解：预期，就是预先期待。我们评判一个人有没有"用户思维"，就是看他能否满足听众的预期，以及满足预期的方法是否高明。好比交通信号灯，虽然主要功能都是令行禁止，可加上倒计时数字，对满足行人的预期是更有帮助的。

听众坐在你面前的时候，都会有预期。为什么同样的内容，有的讲法能深入人心，让人"秒懂"；有的却一言难尽，不得要领？很多时候，你以为听众明白了，就连听众自己也觉得懂了，可"改变"却没有发生。

就像一句话说的那样：为什么听过很多道理，依然过不好这一生？我希望第二模块，能让你看到表达背后的规律——每个人做出决策、发生改变，还有更深层次、他也许不会说出来，甚至连他自己也说不清道不明，却影响着行为决策的"预期"。只有当一个人的预期被充分满足时，改变才会发生。

能让多少人发生行为改变，取决于表达者"影响力"的大小。我整理了非常多的方法，帮你在具体场合中更快做出判断，期待你融会贯通，形成自己的影响力，也期待我们能用每一次表达，迎接更多改变。

预期

第四章

搭建结构框架，洞悉人性，直指人心

信息结构：顺应听众思考，找到内容的相关性

梳理结构，
帮听众找到最适合的信息关联方式。

听众对内容最基本的要求简单而质朴，就是"能听懂"。表达者需要考虑的，就是帮听众找到规律，为原本零散的信息做整合排序，让听众更高效地理解，这就是信息结构化。

3，7，5，1，3，4，7，1，1，6，2，8，5，1，一堆杂乱的数字几乎不可能被记住。如果转换排序，就能看出一些眉目：

1，2，3，3，4，7，5，6，1，1，7，8，1，5

再分隔一下呢？内在规律浮出水面，也就立刻被记住了：

1，2，3 / 3，4，7 / 5，6，11 / 7，8，15

为什么信息结构化如此重要？因为大脑偏爱有规律的信息。

1. 整体结构框架：Why-How-What

你肯定还记得，我们说想要和观众统一立场，就要先说 Why，把要讲的话题变成听众关心的问题……这背后的结构框架就是：动机/目的（Why）– 方法/条件（How）– 行动/结论（What）。整体结构框架适用于所有场景。

回忆前文《飞狐外传》的案例，在我们为程灵素和胡斐设计的对话中，Why、How、What 分别是什么呢？（参见第二章"统一立场"）。

动机/目的（Why）：保证安全，避免中毒。方法/条件（How）：敌人听力好，但眼神不好，我方有小范围特效药——七心海棠。行动/结论（What）：在小黑屋见面，不许说话、不许动手、不许离开超过三步（见图 4-1）。

图 4-1 《飞狐外传》案例的"Why-How-What"对话示意图

像图 4-1 这样，建立信息之间的关联，就是搭建结构框架，让信息结构化的过程。怎么找到动机/目的（Why），我们在第二章"立场"中已经讨论过了，下文谈谈怎么把方法/条件（How）和行动/结论（What）关联在一起。

2. 结构框架本身，决定了内容能否被理解

搭结构框架，就是为看似杂乱的信息建立某种关系，让它们变得有序。来看个例子：

我去超市，买了苹果、橙子、铅笔、记事本、尺子和薯片。

如果场景是走在回家的路上，遇见了朋友，他随口一问：你手上提这么多东西，都买了些什么？我的回答可能是：

我买了吃的，苹果、橙子和薯片；还买了用的，铅笔、记事本和尺子。

对于结构框架最简单的理解，就是"合并同类项"。吃的和用的，就是简单清晰的信息结构。有序的信息能帮听众更好地跟随你的思考，理解你想表达的内容。

可如果换个场景呢？我提着东西回到家，父母问我：让你买的东西买了吗？面对这个问题，信息结构也会发生变化：

你让我买的苹果、尺子和薯片，我都买了，还顺便买了橙子、铅笔和记事本。

东西还是这些东西，当面对不同的问题、不同的听众时，我们的表达方法也不一样。合并同类项不难理解，重要的是需要知道在什么场合下，怎样遵从听众的诉求，找到最适合他理解的结构框架。很多时候，大家说不到一块儿去、不理解彼此，对方不听从你的建议……背后的原因，很可能是没用对结构框架。

3. 按时间步骤归类与按动作优先级归类

我认识一个游戏制作人朋友，他告诉我一般设计师和高手设计师的区别在于：前者害怕让玩家失败，总是哄着玩家，做的游戏一点挑战性都没有，很无聊；而后者却能管理失败，让玩家上瘾。销量最高的游戏《俄罗斯方块》，是一款玩家注定失败的游戏。我的这位朋友说玩家追求的不是"不败"，而是"有挑战性"，他列举了很多设计思路，我深受启发。

建立期待

（1）设计不同难度的角色，筛选玩家的挑战意愿、坚韧程度。

（2）发布教学视频，展现角色能力上限，提高玩家尝试动力。

增强信心

（3）设计回放和统计……哪怕失败，玩家也能有峰值体验。

（4）提供数据复盘和小提示（Tips），帮玩家提升水平、优化决策。

（5）规划挑战梯度，让玩家从易到难。

淡化挫折

（6）降低重启成本，让玩家失败后能立刻重新投入游戏。

（7）如果失败太多次，系统会帮玩家匹配"神"队友。

这位朋友将以上信息归为三类：建立期待、增强信心、淡化挫折。这当然是非常好的结构框架，可如果听众不是专业设计师，很可能不理解这三个词的意思，甚至更懵了。所以，如果面对小白听众，可以试试更容易理解的结构框架，比如，以玩家的视角，按游戏流程进行讲解：

选角色的时候，设计师下了哪些功夫 [（1）、（2）]；在游戏中被击败了、遇到挫折了，怎么鼓励玩家 [（5）、（6）]；游戏结束再开一局，又有哪些设计细节 [（3）、（4）、（7）]。

只要听众玩过游戏，这个结构框架就都能看懂。提醒你的是，如果面对的听众是内行，可以提炼特征，帮他们把具体的行动（What）归类成几个思考的着眼点（How）；如果面对的听众是外行，用线性流程是更好的选择，比如进行游戏的时间阶段、流程步骤……

4. 常见的几种框架

在游戏制作人的案例中，开始时的结构框架是按关键动作着眼点，面对小白听众的结构框架是按时间/步骤。这两种结构框架有时可以互相转换，有时不能。

按时间/步骤：适用于总结的结构框架

有很多事，如果前置条件不满足，后续动作就没意义，比如不学高中数学，就很难理解高等数学，对于环环相扣的内容，最好用时间/步骤的结构。

怎么去下沉市场打胜仗？我的朋友陈振，曾是一名血浆站站长。他用一年时间，让湖南桃江站的年采血量翻了7倍，成为全国第一[一]。怎么做到的呢？他总结了四个步骤：

㊀ https://zt.igetget.com/visual/qqDDL9Zj26uKEz4r1l52.html。

（1）硬敲门：广撒网，找到基础流量。

（2）软黄金：制定奖励制度，组建队伍。

（3）老组织：建立根据地，与本地组织搭伙。

（4）新解释：塑造凝聚力，建设组织文化。

在这件事上，如果第一步流量问题没解决，第二步组建队伍意义就不大，所以最好用时间/步骤的结构。你也可以试试这样的演讲句式：摆在面前最严峻的问题是（讲第一步）……这个问题解决了，新难题又来了（讲第二步）……

按关键动作/着眼点：适用于归纳的结构框架

如果细节繁杂，前后依赖程度不高，最好用关键动作/着眼点的结构。

另一位朋友潘利华，是可口可乐区域市场销售总监，他分享了用"微调"的方式促进销量的几个方法：

（1）把大容量包装饮料摆在货架前的地上，两个一组套上提手，销量就能翻番。

（2）靠近第一品牌，例如把功能性饮料放红牛右边，销量能提高百分之十几甚至百分之几十。

（3）如果是在快餐店跟套餐一起搭售，展现饮料的全名、放在饮料类置顶位置，销量能提高30%。

在他的分享中就只能找关键动作/着眼点，因为相关细节太多，又相对独立。你也可以试试这样的句式：要想达成目标，有几个方面非常重要，先来看……接下来，还要看……

向内-向外-向前：适用于提案/复盘的结构框架

这也是一个常用结构，来看案例：新零售的代表茑屋书店，是如何破局转型的？

第一步，向内求索。梳理自己有什么，想成为什么。茑屋书店重新定义核心资源："书"不只是内容，还是生活方式。

第二步，向外探索。审视未被满足的机会和需求。茑屋书店立志成为"生活方式的策划者"。

第三步，向前布局。引入其他资源，读者在茑屋书店可以直接在书架旁选购书里提到的商品。

站在当下的时间点，全方位地去展开思考，向内审视自身、向外审时度势、向前谋篇布局，行动（What）和方法（How）都被很好地装进来了。我推荐在提案时，优先使用向内-向外-向前的结构框架。实际上，这也是回到原点、复盘项目的好方法。

如需引入讨论，借助二维四象限

什么是二维四象限？如图4-2所示，就是二维四象限。时间管理的第一步，就是先为事项做分类，把待处理事项按"重要"和"紧急"两个维度分成四类。

举个例子，如果我分享的主题是"怎样做好工作总结"，我可以用二维四象限来分情况讨论（见图4-3）。因为做工作总结肯定跟业绩、诉求紧密相关。

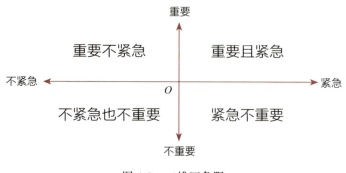

图 4-2 二维四象限

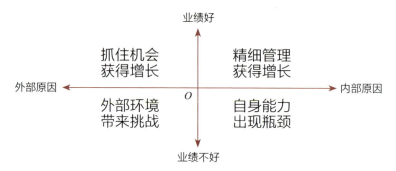

图 4-3 "怎样做好工作总结"分享的二维四象限

如果你能有这样的意识，画出二维四象限图，结构框架也就随之而出了：

（1）业绩好且原因在外部：顺应趋势，做好客户管理。

（2）业绩好且原因在内部：要怎样保持优势，比如建护城河、扩充团队、巩固文化。

（3）业绩不好且原因在外部：应该怎样分析问题、把握机会。

（4）业绩不好且原因在内部：要怎样缩小差距、补足短板。

总结找到结构框架的关键步骤：

（1）搭建"Why-How-What"的整体结构框架，先找到"Why"（动机/目的）。

（2）为"How"（方法/条件）和"What"（行动/结论）建立关联。面对内行，建议提取关键动作/着眼点；面对外行，建议梳理线性流程。

（3）还有几个常用结构框架：向内-向外-向前、二维四象限……

搭建结构框架，不光能帮我们完成高效表达，更是一种需要反复锻炼的、解决问题的能力。拆解任务、识别关键动作的能力，就是领导力的体现。一个人会做咖啡，一个人会建房子，一个人会种花草，这三个看上去不搭边的人，被整合在一起就能开咖啡馆。而那个提议开咖啡馆的人，展现了他的结构化思考，拥有比一般人更卓越的领导才能。

希望我们都能洞悉万事万物，成为那个找到规律和本质的人。

马上就练

关于从"How"得出"What"，咱们再稍微拔高一个维度，认识两个词："归纳法""演绎法"。

简单地说，从行动提炼出方法，被称作"归纳法"；从原则推导出行动，被称作"演绎法"。

举个例子,如果希望做一个被更多人记住的自我介绍,可以怎么做?用归纳法,就是旁征博引、博采众长:先找几段精彩的自我介绍,提取共性、模仿借鉴;用演绎法,就是先找基础假设和判断,比如我希望这个介绍给别人留下深刻的印象,那别人为什么会对我印象深刻呢,进而一步步推导得出行动方案。

归纳法是总结规律,获得行动计划和方法;演绎法是从本质和诉求,推导出解决方案。面对同一件事、同一个难题,可以用归纳、演绎两种方法:归纳法的优势,是可以帮助我们驾驭陌生的成熟领域,实现最快启动;演绎法则可以帮我们实现创新,跳出思维的惯性。

请你带上这个视角,留意观察即将经历的场景,想想是更适合"演绎"还是"归纳",然后做出精准有效的判断吧。

促成改变:过不好这一生,是"道理"的问题吗

> 每一次行为改变,
> 一定击中了这四种预期:
> 反常、向往、损失、容易。

选对"结构框架"能帮听众更快理解,那接下来回归表达的目的本身,我们一起把眼光再放远一些,思考表达是怎么推动一个人发生行为改变的。为什么我们要不断精进"表达"能力?因为这是影响他人、促成改变的能力。为什么有时你会被说服而有时不会?为什么同样的道理,不同的人说给你听,感受会不同甚至截然相反?有的人劝

你努力，你只会感到厌烦；也有的人，仅用寥寥数语就让你醍醐灌顶、幡然醒悟。

你想成为苦口婆心却难见成效的劝导者，还是一呼百应且自带光环的意见领袖？

1. 改变的背后，必须满足四种预期

我用自己被改变的经历，跟你一起探索改变背后的四种预期——反常、向往、损失、容易。我这次"改变"是很多人心中的痛——减肥。

我曾用了大概 3 个月时间，瘦了 10 公斤，从偏胖的 80 公斤，减到了还算匀称的 70 公斤，我是怎么做到的？一切源于一个特别正确的大道理：糖，是健康的元凶。我想这个道理对你来说不是新鲜事吧？可我们都知道，能控制糖分摄入很难——戒掉可乐，人生的快乐从哪儿来？

最开始，我也做不到戒糖，还会纵容自己：都累一天了，喝罐可乐又怎样呢？犒赏自己嘛，胖不了多少……直到一天，一位老师告诉我：一罐可乐的含糖量为 40 克，而人体一天的糖分代谢量只有 20～25 克。那一瞬间，我被戳中了：代谢一罐可乐的糖分，居然要用足足两天！

那位老师还说：经科学普遍论证过的，能延长寿命的方法有两个，一是少吃糖，二是保持饥饿。至于其他方法，吃维生素、保健品、提升免疫力的药物……可能有营销的成分。他说："很多糖分来自主食，建议主食摄入量减半，坚决不要喝含糖饮料，酸奶、果汁也不行。"

自此，我的行为被彻底改变，几个月过去，体重降到了 70 公斤。

谈及减肥的心路历程，并不是想探讨养生，而是希望你看到其中的：反常、向往、损失、容易。

反常，是我看到了含糖量和代谢量的数字，以及科学的论断；向往，是我对于健康和形象的追求；损失，是我意识到如果不发生改变，我的健康和寿命会受到影响；容易，是我发现改变不难做到，只需不喝某类饮料、少吃主食。行为的改变一定以满足这四种预期为前提，缺一不可。

2. 回应预期，搭建迈出"改变"的关键桥梁

在大多数情况下，我们之所以不愿被改变，不是质疑那些真理，而是没能克服心里的层层阻碍。这四种预期都被满足的那一瞬间，我维持了几十年的生活习惯居然很轻松地随之改变了！

之所以听过很多道理，仍过不好这一生，是因为没有把道理转化成行动。背后的原因在于，这些"道理"没有满足听众的这四种预期——反常、向往、损失、容易。在我看来这四种预期是梳理表达逻辑的底层思考，就像是四颗神秘的"龙珠"，集齐的那一瞬间就能召唤"神龙"——影响观念和行动。

所有你看到的、传播很广的内容，都满足这四种预期。如打动你的环境保护纪录片，反常是环境现状的触目惊心；向往是健康的生存环境；损失是别说自己了，子孙也会跟着遭殃；容易是出行距离短时多走路少开车，路遇浓烟就打举报电话。

反常、向往、损失、容易，这四种预期，各自是怎样影响听众

的？举例而言，如果让我推荐你购买本书，我可能会这样构思：

（1）切入反常，是获取注意力的基础。为什么你要读这本书？因为这本书告诉你影响人心的方法，和传统的教眼神、手势的演讲口才书不一样。

（2）营造向往，降低决策成本。为什么你要读这本书？因为这本书的作者也曾不善言辞，而现在可以借助商业表达能力帮助很多企业创造价值。

（3）看见损失，降低认知成本。为什么你要读这本书？因为这本书汇集了作者十多年的实战经验和案例分析，不看就亏了。

（4）接受容易，降低启动成本。为什么你要读这本书？因为这本书通俗易懂，摆在床头，翻开任何一个章节，你都能马上用起来。

反常、向往、损失、容易，是希望促成听众改变时，摆在你面前的4条道路。在不同的情况下，你要学会选择更合适的那一条。我将用本章的大部分篇幅，和你一起探讨各种案例，告诉你关键所在。

马上就练

假期回到家，最让妈妈开心的，就是你把她做的菜吃到空盘；最让表达者开心的，就是有人因为他的良苦用心，最终发生改变。"恭维"别人最好的方法，就是被他改变。

看完本节，期待你做几个练习：如果你是老板，对一次会议做总结发言，你怎么做？如果你是主持人，需要做总结，你怎么做？如果你只是个参会人，想在开头客气几句，你怎么做？看似只是"感言"，但如果想直击人心，方向和思路都是坦承对方带给你的"改变"。

比如，"听完你的分享，我明天就回公司开个会好好聊聊""听了你的故事，我也想和家人拍一组这样的照片"……你愿意被他改变，就是对他最大的敬意。

切入反常：没有反常的表达，只是正确的废话

反常才会带来新的认知，
颠覆常识、一反常态、违背预期，
是对一次表达的最基本要求。

"反常"，字面意思，就是跟大多数情况不一样：颠覆常识、一反常态、违背预期。如果你在视线所及之处没有发现反常，也就自然不会有特别的情绪波澜。好比一直以来，社会的主流观点都是"努力就能改变命运"，而当一个声音说出"寒门再难出贵子"时，后者便迅速获取了大家的注意力，也唤起了无数人内心的不甘与不忿。所有情绪的产生，"反常"都是引子。一次表达是否"反常"，决定了它能否获得更多人的注意力并调动他们的好奇心。

1. 贯穿每次表达始终的，是"反常"

细究一下，反常、向往、损失、容易这四种预期并不是并列关系，如果你要讲的内容听众早就知道，那么这次对话无疑是在浪费双

方的时间。向往、损失、容易的大前提，都是反常。反常是信息增量，是一次沟通的基础，是所有表达的核心价值，是引人入胜的驱动力。各种表达技巧，就像面前的一桌大餐，"反常"是那张承载大餐的桌子，贯穿表达始终。

一次论坛上，有位专家用一堆华丽的辞藻，声情并茂地说：教育，最重要的是要有爱。可想而知，他收获了台下的一众白眼——有爱不是应该的吗？没有"反常"，也就没有信息增量。鲁迅先生说过："浪费别人的时间等于谋财害命。"

这位专家也很委屈：明明说了正确的话，为什么听众不买账？因为他的话没有体现反常。善于表达的高手，一定能够切入反常，帮听众迅速建立认识。

比如，我特别喜欢读《三国演义》，书中说曹操用人很厉害，"唯才是举"，可这不是理所应当的吗？直到一天，我听到《百家讲坛》里的一段话：东汉末年的官场风气是"唯贤是举"，选拔人才的方法是"举孝廉"，一个人十里八乡出了名的孝顺，就能当官，所以官场出现了很多演技派，但曹操打破了这个局面。通过前后对比，"反常"出现了，我对曹操的理解、认知才因此更进了一步。

再比如，酒店品牌华住的创始人季琦，三次去纳斯达克敲钟，取得了巨大的商业成就，他还是位演讲高手，每次登台都鞭辟入里，又娓娓道来。华住也是我的客户，我有幸参与过它的世界大会。让我印象最深刻的，是 2019 年底，季琦在公司一年一度的世界大会上，面对公司员工和加盟商，连着用了几组反常的数字，牢牢抓住了每一个人：

南京一年吃掉1亿只鸭子，武汉一年吃掉30亿只小龙虾，中国有40万家火锅店、50万家奶茶店；中国有10亿人没坐过飞机，有8亿人没有去过北京天安门，有12.6亿人没有出过国。

这些"反常"让大家更加笃定：中国市场很有发展潜力。

所以反常是什么？反常就是：你以为的"知道"，其实还是"不知道"。很多时候，我们和高手看到的世界真的不一样，我们是远远地拿着望远镜，一扫而过，而高手可能是在用显微镜看世界。当他们把显微镜里通透细腻的世界展示给我们时，"反常"也就出现了。

"反常"的出现，意味着我们的认知边界又被拓展了。"反常"不只是让表达精彩的手段，很多时候，"反常"本身就是要交付给听众的宝贵价值。

2. 先声夺人，就是借"反常"开场

正因为"反常"牵动着听众的注意力，所以几乎所有大型演讲都会设计一个极其"反常"的开场。

罗辑思维的创始人罗振宇在一次演讲中想表达的第一个观点是：普通人在命运的洪流面前，往往无能为力。这句话太过正确，以至于乍一听觉得无感。罗振宇是怎么讲的呢？他分享了在关税调整的背景下，一艘货船的故事：

一艘巨轮，庞然大物，船上的货全是大豆，价值2000万美元。然而，因为突发的关税调整，船长自豪笃定的节奏被完全打乱。因为两个国家的博弈，关税频繁调整。这艘船一会儿使劲加速，为抢时间

赶紧过关，夺命狂奔；一会儿又犹豫要不要打道回府，原地打转……

这像不像很多个体生存现状的缩影？在大环境剧变面前，命运不由自己，我们只能等待信号。时代的一粒沙，就是普通人的一座山，突如其来的变化，会给每个人带来巨大的冲击……原本没有信息增量的大道理，因为借用一个反常的故事，加深了听众的理解，从而引发了共情。

在上一章"情绪"中你也看到了，不论多么大的道理，背后一定都有反常的切入口。一次好的表达，最好的开场策略，就是先声夺人，讲一个反常的观点、故事。

3. 制造情绪落差，有细节才有反常

怎样让"反常"被加强？找到最悬殊的情绪落差：欲扬要先抑，欲抑则先扬。

人为制造出的情绪落差，能极大地吸引和调动听众的注意力和好奇心。营造反常最简单的方法，就是从"观点的反面"讲起。如果你想讲"坚持"，那就从"坚持不住"的一刻开始；如果你想说"奋斗"，那就先试着找到"躺平"的时刻；如果想表达兄弟或闺密情谊，那就从矛盾开始，才最具有戏剧性。

还有什么方法能放大反常？<u>进入场景，带听众身临其境，体验细节。</u>

我认识一位缨姐。她亲历了一次紧急公关事件，回忆起当时的情形，信用社里里外外挤满了储户，都吵着要取钱。怎么才能控制局面呢？缨姐告诉我们，要先稳定住这群人里的带头人，把他们跟大部队

隔离开，才能迅速降温，逐个击破。如果只把话讲到这里，似乎没什么了不起，并不反常。直到缨姐亮出更多细节，我才发现看起来挺容易，其实步步惊心。

直接当着一大群人的面，点名那几个带头人，约他们单独聊聊，能行吗？肯定不行，群众不会答应！带头人肯定也不会同意：有事当面说清楚，别套近乎！缨姐的做法，是面向大厅里的全部群众解释道："我们领导对大家的要求特别重视，现在就在会议室，大家能不能选几个代表，我们一起商量商量？"就这样，几位带头人被群众推选出来走进了会议室，现场终于没那么激昂了。

后来，缨姐争取到了职工单位的支持，还筹到了一笔宝贵的应急资金，事件才没有继续升级，最终化险为夷……她告诉我们，面对此类事件，步步都是如履薄冰，只有每一步都不犯错，才能最终控制住事态。借助魔鬼般的细节，我们才能体会到这件事背后的不易与艰辛。

总结一下，反常是一切预期的底色，是"跟你想的不一样"，是要给听众信息增量，不说正确的废话；反常不只是手段，更是推动认知的重要环节。

更高阶的"反常"，是让听众看到"显微镜"里的世界，"你以为你知道，但没那么简单"。要不断制造悬念，并且像《百家讲坛》、罗振宇、缨姐那样，唤起对比和好奇，借助落差和细节，带着听众步向终点。

> **马上就练**

怎么找到个人经历里的反常？推荐一个自我介绍的小游戏，叫

"两真一假",写下三个句子描述你自己,其中两句真、一句假,然后,让其他人猜哪句是假。谜底揭晓后你会发现,这几句话中大概率藏着反常。这是一个特别有趣的破冰游戏,在大家不熟的时候,可以迅速让场子热络起来。不论是自我介绍还是介绍他人,找到反常都是好的做法。

例如,这是我的朋友,他做过互联网公司,被拼多多打败而破产;做过连锁门店,形势一片大好时遭遇疫情,负债上千万元;没想到在抖音平台上绝地反击,成了现象级顶流。

请试着想一想,怎么找到反常,去描述产品、引荐朋友、介绍公司吧!

营造向往:最动人的激励,是"你希望成为什么人"

最动人的表达,
是帮听众成为他想成为的人。

面对一个不明朗的局面,能让你咬牙跺脚下定决心的,是什么?

2012 年,我夫人买了她人生中第一套房,那时我们还没结婚,对买房完全不懂,不会看户型、不会挑地段……别说砍价了,连样板间都没看过……后来我问她怎么这么冲动,她说不想住出租屋了,想在城市里有个自己的家。

很多重大到足以影响人生的决定,都不是经过思前想后、权衡利弊做出的。为什么当我们面对未来做出难以评估的决定时,经常头脑一热？让我们上头的，是对未来的"向往"。

如果你想造一艘船，不需要抓人来伐木劳作，甚至不用指挥一群人做这做那……领袖的做法，是让他们渴望大海。我们努力营造向往，就是为了降低听众的"决策成本"。善于影响他人的人，都是在建立现实和理想的关联。最动人的表达，是帮听众成为他想成为的人。

1. 向往的本质，是身份认同

什么是"身份认同"？简单地说，就是佩服、喜欢、认可某个状态下的自己。每个人内心的向往，是希望自己成为什么样的人。请感受一下在特定语境下，同样意思的两句话——"你要准时到场，不要迟到。""不要让自己成为言而无信、不守时的人。"相比之下，第二句的力度要强得多，"不要成为……的人"，是更容易影响别人的句式。

1963年的夏天，马丁·路德·金在华盛顿的演讲吸引了25万人，这些人里有多少人是为了支持马丁而来的呢？《伟大的领袖如何激励行动》的演讲者西蒙·西内克给出了他的答案：没有人。他们都是为了支持"自己"的信念而聚集在一起的。

这就是向往的本质："认同感"来自身份的投射，"身份认同"可以产生行为认同。商业顾问刘润老师曾这样定义产品和用户的关系：现实中的自己与想象中的自己存在一个落差，"产品"是帮人们抵达想象的工具。试着在脑海中回顾房地产和汽车的广告，大概就能感受到商家背后的深意了。汽车品牌的调性各不相同：典雅大气、贴心安全、勇于探索……品牌的"人设"，就投射出了用户渴望的自己。

营造向往，能帮你为听众建立远期目标，让他们在未来尚不明朗的情况下，认同你的观点和建议，并产生行动。所以，为什么往往是提问引导、肯定鼓励，而不是直接把观点塞给对方、一味地批评打压，更容易改变一个人的行为？最高效的影响是建立"身份认同"，这是收获人心的法门，也是获得领导力的必经之路，典型的应用场景是说服和激励。

2. 用"你可以不一样"，感知未来

领袖是能够站在今天，帮别人看到未来的。让自己具备领导力，就是找出当下能影响未来的关键动作，通过表达让更多人来执行、推进。怎么做呢？试着用"你可以不一样"，为听众造一个梦，把他带进场景，体验前后的情绪变化。

比如，为什么要听妈妈的话？周杰伦说"将来大家看的都是我画的漫画，大家唱的都是我写的歌"⊖；带货主播是这么带货的：哇，你看这个色号，好适合秋天站在榕树下、穿着驼色风衣的你呀！你怎么可以没有？买它！

把你的主张与对方"希望成为的人"做关联，只要听众对"未来"有了期待，就更愿意在"当下"付出努力。

3. 用"我们都一样"，建立认同

向往来自一个人能看到的未来，也来自他希望被看到、被认可的

⊖ 出自周杰伦唱作歌曲《听妈妈的话》。

底层需要。先让听众认同某个身份，再提出具体主张，主张被接受的概率就会大得多。

罗伯特·西奥迪尼曾在著作《先发影响力》里，提到一个社会心理学实验：科学家拦下路人，表示愿意提供免费饮料，但需要路人提供电子邮件地址，大部分路人出于本能，不愿意暴露隐私，只有33%的路人愿意接受样品；可如果科学家先问路人"你认为自己是一个爱冒险、喜欢尝试新事物的人吗？"，得到大多数肯定答复后，愿意提供电子邮件地址的人多了很多，达到了75.7%。

更有效的说服策略，是先建立身份，再提出主张。很多时候，我们仅仅因为被一个"身份"影响，就会下意识地做出重要的判断。

你觉得"说服个体""激励群体"这两件事，哪个更难？我想你肯定认为激励群体更难。可我要告诉你的是，群体更容易被"身份"裹挟，产生从众心理——个体会努力与群体保持一致，这是人类惧怕孤独的本能。"激励群体"成败的关键就在于：能否建立群体的身份认同，让你的主张变成群体的自发行动。具体做法就是为你的每个主张"植入身份"，找到那句"我们都一样"。

回想以前在职场时，有一次我所在的部门接到了一个特别有挑战性的任务，大家心里都没底。领导是这样做工作动员的：任务完不成，我自己起立走人没什么大不了，关键是咱们在座的各位丢不起这个人啊！言外之意，我们都是对自己有要求的体面人，你们怎么舍得让团队承受失败、蒙受屈辱？这种被激励的体验你肯定不陌生。回想你所在公司开动员大会，是不是都以回顾历史作为引言，反复强调"我们是一支敢打必胜的队伍"？

基于"我们都一样"的身份认同，还有很多案例：马丁·路德·金的《我有一个梦想》（*I have a dream*），就是在呼吁大家一起为梦想而努力；电影《勇敢的心》最经典的战前激励演讲，威廉·华莱士告诉战士们"他们或许会杀死我们，但他们夺不去我们的自由"，他带头高呼的"Freedom"（自由），也是在告诉战士们"我们都一样，向往着自由"。

4. 为苦难赋予意义

为什么人需要被说服、被激励？因为人生艰难，前路漫漫……即便知道理应如此，可实在是太过辛苦，很难下决心。所以，营造向往很重要的一个环节，是为行动后可能遭遇的苦难赋予意义，让听众看到：因为这些苦难，我们变得更好了。<u>正因为苦难能成就人类，听众心底的向往才会被瞬间激发，于是他们愿意跟随你，一起经历、克服苦难。</u>

几年前我听过一个动人的演讲，来自一个女孩子——闻昵。她曾在心理诊所当社工，用半年时间帮一位漂亮妈妈从丈夫的家暴和精神控制中走了出来。那时，正赶上"北大女孩"被男友精神摧残控制而最终自杀的事件，PUA（亲密关系中的精神控制）话题进入公众视线。闻昵分享的经验特别有价值，她说：

摆脱自我否定，要先找到意义感，给自己留出安全领域和退路；问题是问题，你是你，有轻生念头的人，是错把自己当成了问题本身……

最让我难忘的，是在演讲结尾，闻昵展示了她自己几年前的照片。照片里的她娃娃脸，还有点婴儿肥，挺可爱的。可正是这张面孔，曾给她带来巨大的困扰，客户认为娃娃脸意味着没有阅历、没有经验，不愿向她进行更深入的心理咨询，她也曾陷入深深的自我怀疑……直到她帮这位漂亮妈妈走出心理迷宫，才终于顿悟，接纳了自己的一切。

闻昵在演讲的最后，笑着说：我觉得照片里的自己，特别美。从别扭到和解，是一个人变得更优秀的必经过程。例如，完成了看似不可能完成的任务、消解了长久以来的偏见、跟伙伴一起经历了化敌为友的心路历程……

华为创始人任正非的管理哲学，是"赋苦难以荣耀"，苦难奠定了华为的气质。"杀不死我的终将让我更强大"，用现在流行的话来说，这绝对是"满满的正能量"。正能量不是没有勺子的鸡汤，而是从新的角度看待苦难。苦难的背后，藏着对未来的向往。

所有催人上进的演讲，未必全程光明伟岸，但最终一定会以漂亮的情绪上扬结尾。最动人的就是苦难过后，那个更好的自己。而最好的向往，就是让更好的自己成为别人生命里的那道光。

马上就练

我们后面还会聊到呼唤行动的"金句节奏"，一个唤醒行动的金句，在营造向往时能起到巨大作用。例如"撸起袖子加油干""岁月不饶人，我亦未曾饶过岁月"……表达的最后，给出一个具体的行动指令，就像为梦想中的自己架起了一把梯子。关于金句和行动指令，参见第七章"金句节奏"、第六章"种下心锚"。

表达的底层思考，肯定是对"人"的思考，理解一群人，才有可能打动他们。请你思考：当你面对女性、年轻人时，应该怎样与他们共情呢？我有两个小发现：

- 听众有时会在表达者身上看到自己曾经的样子或者想成为的样子，他们甚至愿意去"帮你赢"，尤其是女性听众
- 很多人误解年轻人，觉得他们不好管理，其实问题也出在身份认同上……越是年轻，越难接受"任劳任怨"的服从，他们相信的是"路走对了，就不怕远"

看见损失：行业之光苹果，为什么会被小白群嘲

> 让一个人记住你，
> 有时避免"伤害"比"施恩"更有效。

建立远期目标，我们可以"营造向往"，降低听众的决策成本。怎么把远期的愿望变成近期的行动呢？如果你希望对方能跟随你的节奏，改变他原有的习惯，那么最重要的就是让他"看见损失"。说清"损失"，可以降低听众的认知成本，提升他的行动意愿。说清"损失"包含两层含义：提醒听众意识到正在承受的损失；帮他避免可能产生的损失。

1. 潜在风险，是行动的巨大阻碍

2017年，距离第一代iPhone横空出世过去了整整10年，苹果公司推出新款手机iPhone X作为10周年的里程碑产品，并对其寄予厚望。iPhone X融入各种黑科技，还搭载了"独步天下"的新功能——人脸解锁（Face ID）。

今天我们知道，面部识别改变了科技产品的发展方向。可回到2017年，发布会结束的第二天，大家对iPhone X的评价不是赞美，而是全网铺天盖地的段子……有人担心：刷照片能不能攻破这道安全防线？还有人说：长得像的人是不是可以互刷手机？很多女同学担心化妆/卸妆导致人脸解锁失效；男同学也忧心忡忡，怕老婆趁他们睡着，刷他们的脸解锁手机查微信、用支付宝……

这些段子的背后，透露出的是用户对安全性的担忧，他们怕承受"损失"。归根结底，是苹果发布会没把利弊得失讲透。如果苹果能在介绍时附上一个视频，展示一位模特上下左右摆动头部，录入人脸的实际操作过程，用户的担心可能会瞬间消解大半。

这个视频告诉了用户，人脸解锁识别的并不是一个平面，而是用结构光技术扫描的3D轮廓。如果让用户看懂这个过程，很多质疑会不攻自破：照片行不行？肯定不行；长得像行不行？不行，再像也不至于连轮廓都一模一样吧；化妆/卸妆一般也不会改变轮廓。当然，也有朋友跟我说：你对化妆的力量一无所知……事实上，只要妆容不夸张，iPhone X人脸解锁没问题。睡着后会不会被盗刷？不会，解锁iPhone X需要眼睛看着摄像头。

iPhone X 的安全性是有保障的。只是大家用惯了指纹，对突然到来的转变有些担心。这些段子和吐槽，有没有影响大家购买呢？至少在刚发售时，肯定会有。顾虑会影响我们的判断，只有能避免"损失"，才能推动行为。

2. 赢得好感，帮听众避免损失

记住一个准则：推动一个"创新"的行动，要尽量从"避免损失"切入话题。从这个角度来看，苹果作为行业的引领者，被误解对它而言已经习以为常了……还记得蓝牙耳机 AirPods 刚推出时，大家最担心的是什么吗？那时网上的段子，都在吐槽无线耳机容易丢……如果你觉得人心难测、做不到万无一失，可以试着用避免损失来赢得好感：故意卖一个破绽，然后再亲手把漏洞补上。

时间回到 2016 年，还是苹果发布会，这次主角是 iPhone 7。iPhone 7 第一次取消了传统的、圆形耳机接口（3.5mm 接口）。主讲人滔滔不绝地介绍传统耳机接口多么多么陈旧，还有苹果对于接口规范做出的种种努力……台下听众屏息敛声，脑海中不约而同地飘过一个问题：我以前的耳机怎么办？

最后，主讲人告诉大家：iPhone 7 随机附送一条转接线，使得所有传统耳机也可以正常使用。话音刚落，现场响起雷鸣般的掌声。真是万万没想到，几块钱的线就赢得了用户的好感。

为什么一个便宜的配件，获得了所有人的好感；而一个酝酿了几年的黑科技，却一度遭受群嘲……虽然人脸解锁很厉害，但我可能因此蒙受损失，所以有点慌；虽然耳机的转接线很便宜，可帮我避免了损失,所以很开心。行为经济学提到人们普遍存在的心理,叫"损失规避"。简单地说,想让一个人记住你,有时伤害比施恩留下的印象更深刻。特别是人们意识到自己的观念被颠覆、习惯被改变的时刻,会立刻关注是否会承受损失。如果你可以帮听众避免损失,哪怕这个损失很小,也能获得对方极大的好感。

3. 消除顾虑,从"担心"说起

怎样借助"损失规避"获得听众的好感呢?可以把听众最担心的话题,作为演讲表达的主题。我认识一个民间公益组织的创始人,雄哥,他在广州做山区助学项目已经快 20 年了。以往出去做募捐路演,他们都是讲去到了多少个乡村,帮助了多少名贫困学生……最后呼吁大家捐款做善事。

这其实是典型的 What 模式的表达。希望工程都成立 30 多年了,助学这件事大家不是不懂,行善的人最担心的是:你能否把钱用到实处,真的帮到孩子们。我告诉雄哥,可以换个角度,直接从这些担心说起。比如:

我相信所有人都有一颗善心,希望能为社会做出自己的贡献。可大家最担心的,是钱捐出去了,能不能真的帮到孩子们。这笔善款会不会没有被用到最需要的地方?谁最适合决定这笔钱的去处?是学校,还是家长?会不会好心人做了事与愿违的错事?比如让山里的孩子到大城市看看,孩子一时接受不了巨大的落差,导致心态失衡……

我们用十几年时间,致力于提升公益的效率,让每一分善款都发挥最大价值。下面就来聊聊我们是怎么做的……

帮听众规避潜在的损失，比起只说"做过什么"要更务实、更真诚。如果你的经验和方法真能让听众心服口服，得到他们对你的认可也就水到渠成了。

4. 同一件事，各有各的担心

为什么让听众"看见损失"可以降低认知成本？没有对比就没有伤害，人们对新事物的直观理解，就源于和现状的比较。看到每个人对"损失"的预期之后，你可能会对很多表达场景有不一样的理解。

为什么有时会议效率不高、会后执行力不强？表面上看，大家面对的是同一件事，可不同的经验、角色、立场……决定了他们担心的"损失"各有不同。财务、法务、市场、销售、技术……大家诉求不一，怎么拧成一股绳？考验统筹者的是洞察具体诉求，帮每个人避免心中的"损失"。

看见损失，就是要尽可能全面地降低认知成本和决策风险。不光要把事做漂亮，还要照顾到参与其中的每个人。

最后，用几个行动建议做个总结：

（1）希望对方接受你的观点，可以从他正在承受的损失、最大的担心说起。

（2）帮听众避免损失，有时比强调你的优势更为重要。

（3）如果参与决策的人很多，记得照顾到每个人的利益和诉求。

> **马上就练**

"损失感"是服务流程中最大的风险,我有一个很直接的建议:对对方所有可能的担心、不信任,你都可以主动加一句"承诺"。很多时候人们习惯用高档的装修、精美的物料、体贴的服务去获得客户的信任,但往往忽略了最简单的方法——只需多说几句话,郑重做出承诺。

西贝莜面村的服务员在上菜时,会拍着胸脯对客人说:"我们承诺选用草原羊肉和高原旱地五谷杂粮,坚持传统做菜手艺,所有菜品不加味精。"仪式感很强,这样的承诺会打消客人的大部分顾虑,间接提升了用餐体验。关键是几乎没有额外成本:只多说了一句话而已。

你是否也可以找到阻碍信任的环节,勇于做出承诺呢?

接受容易:再远的路,也可以拆解成每一步

> 把困难的长期目标,
> 变成容易的短期目标,
> 这是管理者影响他人的基本功。

在"预期"这一部分的最后,我们来聊聊"容易"。"营造向往"降低决策成本,"看见损失"降低认知成本,"接受容易"呢?可以降低启动成本。很多时候,我们下决心要做某件事,却迟迟不能开始动

手，缺的就是一点点"容易"。

十多年前，我开发了人生中第一门课程：在公司内部教同事制作PPT。培训结束后，很多同事跑上台，争着加我的QQ。例行夸奖之后，有同事跟我说："听完课才发现PPT门道很深！我们是没这个本事了，以后部门领导的PPT还得你多多帮忙啊！"

我脸上笑嘻嘻，心里却……很郁闷，本以为可以把手艺传出去，怎么越带徒弟越累了呢……几年后再次回顾年轻时的自己，发现当年最大的问题，就是太过炫技，没能让学员感受到"容易"。纵使你讲得千般好，无奈大家做不到，那……还是算了吧！就说"减肥"这件事吧，好处明摆着，可如果让我每天跑一趟马拉松……那还是别减了，我怎么突然觉得保持富态也挺好的呢。同理，说得再怎么天花乱坠，如果无法让听众感受到"容易"，效果就会适得其反，听众会被"花式劝退"。有句古话叫"道不远人"，意思是好的道理不会让人排斥。我对这句话感触非常深刻，也不止一次发现，取得极大成就的人，都具备把复杂的事变简单的能力。

1. 把原则拆成步骤和动作

有位在商界几经沉浮的企业家——脑白金的创始人史玉柱，20年前打造了一款网络游戏，《征途》。游戏启动初期，特别需要大批玩家涌入，把场子炒热。史玉柱招了很多泡在网吧的青年做推广员。但他们不会营销、策划，只会玩网游，让他们做推广靠不靠谱？史玉柱用三步替他们拆解了任务，《征途》也正是凭借这三步，获得了宝贵的初始流量：

第一步，一起去玩当时最火的游戏《传奇》，加入公会、组队、聊天；

第二步，不经意间跟玩《传奇》的游戏好友提起有个游戏叫《征途》很不错，号召大家一起玩；

第三步，在《征途》里，陪这些游戏好友度过新手期。

不论管理自我还是管理他人，都别去挑战一个人的自驱力，而是让这件事变得"容易"。只有将困难的长期目标和简单的短期目标相结合，才会让人更有动力。如果我告诉你，想做好演讲，你就要跟听众成为朋友。显然，这是一个难以执行落地的长期目标，但能不能落到一个具体的行动上呢，比如登台后开场先讲好3句话？

你肯定知道时间管理的四大象限：重要且紧急，不重要但紧急……这些只是原则，真正让听众拿起来就能用的是具体的"动作"，还有细化的"标准"。比如：每天花5分钟对工作进行复盘，找出接下来"重要但不紧急"的事，写在便签上、贴在桌前提醒自己：多把时间用在处理这些"重要但不紧急"的事上。

我观察发现，缺乏说服力的人会错把"原则"当成是给别人的行动建议。"你要自信一点"就只是一个原则，很多人听了也不知道从何下手，于是成了一句正确的废话；"每天暗示自己，我是最棒的"就具体多了，对更多人来说是可执行的。还能不能再进一步呢？

我认识一位朋友，他为了从不自信的状态中走出来，制订了几周的计划：第一周，他要求自己每天帮助别人一次，收获一句"谢谢"；第二周，他要求自己每天被陌生人"当面拒绝"一次……他各种"作妖"，却发现很多看似过分的请求，并没有被别人拒绝。他不但没被别人拒绝，反而感受到了预期之外的善意，整个人也越来越自信了。

你发现了吗？"原则"是很难落地执行的，一个更好的方案，要具化到"动作"和"标准"。可以参考管理中的 SMART 原则：行动建议必须是具体的（Specific）、可衡量的（Measurable）、可达到的（Attainable）、有相关性的（Relevant）、有时限的（Time-bound）。

2. 把方法变成"小窍门"

关于把复杂变简单，高手眼中有无数个可以弯道超车的"小窍门"。比如：怎样判断一家公司的经营状况？听上去就很复杂吧？不过我猜你也不至于一筹莫展，大概知道要去看好多财务报表和市场上的公开信息，研读新闻释放的信号，找高中基层访谈……可即便知道方向，依然不容易，做起来也过于复杂。

清华大学管理学教授宁向东分享过他多年观察企业得出的小窍门。他判断公司的经营现状会看 3 个细节：秘书的行事风格、洗手间的小便池、会议室的白板。一般来说，秘书跟领导风格相近，领导是雷厉风行关注事还是更关注人，看秘书就能了解个大概；至于小便池，能看出员工的归属感，如果真把公司当家，是不会把它弄得特别邋遢的；白板呢？如果这家公司还在创新，肯定需要大量地写写画画，否则可能已经进入守成阶段。

小窍门，就是能以小见大的真理之隙，能帮外行把特别困难的事变成简单的切片。再比如，录视频时特别不自然，怎么提升表现力？小窍门是：开头加一些口语化的引入，比如"我这么跟你说吧""你想不想知道"……后期可以把这些语句剪辑掉，而整体呈现的状态能提升一大截。类似的小窍门，我在第九章"网红思维"里还准备了很多。

还能怎样传递"容易"呢？除了"动作"和"小窍门"之外，还可以从以下3个角度找找灵感：

（1）给选择权："总有一款适合你。"所谓安全感，就是有选择。

（2）最小闭环："这件事能立竿见影。"链路越短，可靠性越强。

（3）代价可控："这件事不怕搞砸。"做得好的话，上限也高，但即便做不好，底限也很高。

一份好的表达内容，最高境界就是"深者不觉其浅，浅者不觉其深"：既能让高手看到"反常"，让他忍不住惊叹"我怎么没想到？"，也能让小白看到"容易"，让他更加坚定"我也一定能做到！"。

今天的我，一名有着14年经验的培训师，每次课程结束后最希望收获的评价就是：刘老师，你的课程深入浅出，我已经知道要怎么做了。

马上就练

平日里，我们也许并不缺乏改变的动机，但是，我们往往缺少改变的动力。本节的内容就是提醒你：动力不足没关系，可以尝试减少阻力，让这件事变得"容易"。

你是否曾经因为一部电影、一本书甚至一句话而感到心潮澎湃，恨不得马上做出改变？最终，你的改变发生了吗？怎样能让自己的目标更顺利地被达成，现在你有什么新的思考吗？

【案例分析】怎么找到你结构框架里的"第一个问题"

三类话题的起点：①颠覆类，展示全貌；②改良类，切入痛点；③普遍类，独断资源。

本章是整本书里篇幅最长的，聊的是听众对一次表达的"预期"。我试着帮你划一下前几节的重点：找到预期是梳理表达逻辑结构的重要方法。不是说你想说的，而是迎合听众的预期，说他想听的，对不同场合的受众目标，要努力找到最匹配的结构框架。行动的发生，背后必有向往、损失、容易，必须先借反常激发情绪。

（1）向往+反常：尤其适用于决策压力大的场景，帮听众降低"临门一脚"的决策成本。例如，汽车和房产销售都是这么做的，先给你一个身份，然后拿出一个与这个身份匹配的产品。

（2）损失+反常：把复杂的原理变成可感知的价值，对于降低对新事物的认知成本。对于所有技术改良和创新，最快让听众接受的办法，就是帮他们规避损失。

（3）容易+反常：最适用于帮听众面对不得不做的苦差事，降低启动成本。就像《演讲3天速成》《7天学会PPT》……技能培训都会反复强调容易，因为做这件事的好处往往无须多言。

在本章最后一节，我能给到你的最大帮助，就是按不同的预期把诸多表达分成三类，并按类别帮你找到表达里的"第一个问题"。迈出第一步，后面就水到渠成了。

1. 颠覆类：先展示全貌

怎么讲好闻所未闻的话题？例如发布一款具有开天辟地意义的新产品，这就需要一场颠覆类演讲。

2007 年，乔布斯拿出第一代 iPhone——一款超时代的前瞻产品，当时谁也没想到，iPhone 改变了未来十几年的移动产品走向。我数次回看那场发布会，每次都心潮澎湃。可如果你是乔布斯，面对的困难是显而易见的：如此颠覆，怎么才能让听众明白 iPhone 是什么？

如果你的话题很颠覆，一开始最重要的任务就是让听众轻松地"看到全貌"。最怕说了半天还云里雾里的，一旦听众自信心受挫，就再难点燃其热情。乔布斯是这么做的，他说：搭载触摸屏的 iPod 随身听、划时代的智能电话、随身携带的上网设备，把这三个东西放在一起，就是 iPhone。单独拎出任何一个，在十几年前都是爆炸级产品。他的话迅速引发全场尖叫，经久不息。

颠覆类话题当然是巨大的机会，因为引领者手握巨大的先发红利，但能像乔布斯一样讲好并不容易，最大的挑战在于开始的几分钟，可谓开场定生死。

2. 改良类：从痛点切入

改良类，你可以简单理解成介绍锦上添花的事物。这类话题至少占据全部表达的 80%，毕竟没有那么多迈开大步的开天辟地，挤牙膏似的小步迭代才是常态。

这类话题最保险的开场，是找到一个痛点，将之放进具体的场景,唤起听众注意。例如,大家喝水都用水杯,可为什么一定要买你的杯子呢?是更保温?更防尘?更智能?还是更好看?这是一个典型的改良类产品,最考验你的,是把那卖点和场景做匹配。

痛点,意味着潜在的"损失"。改良类话题的好处是容易讲、容易懂;弊端是容易把话题说小了……同样是介绍 iPhone,如果乔帮主用改良类的方式来介绍,一上来就说:今天我们发布一款去掉了键盘的手机……(见图 4-4)。

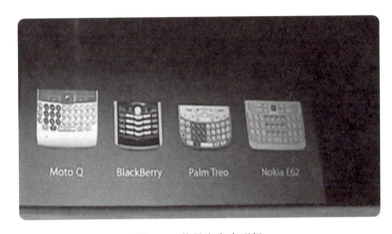

图 4-4　苹果发布会现场

你看看,是不是平平无奇?

比起讲痛点,展示全貌更容易让人激动,前提是内容要够酷。但实际上"改良类"才是我们最常见的内容类型,却也很容易讲得平平无奇……让它酷起来的方法是为看似平凡的细节"赋予非同一般的意义"。留个悬念,在第六章"虚实"我们继续探讨。

3. 普遍类：展现独断资源

什么是普遍类？简单地说，就是你讲的话题大家都懂，很容易理解，甚至司空见惯。这听起来挺灾难的……大家都懂，还用讲吗？

我认识一位女性创业者，她是真正白手起家的"富一代"，身家上亿。多年前她打算做一款 app，这款 app 一句话就能说明白：游戏竞技领域的今日头条。你想，既然模式三言两语就能说清，那她面对投资人怎么去融资？游戏圈子这么大，创业能人这么多，为什么偏偏她能抓住机会呢？

如果要表达的话题并不稀奇，那就一定要把重点放在"人设"和"故事"上。

这位女性创业者比我还小 3 岁，女孩子混游戏圈，容易被投资人质疑，于是她讲了几个自己的故事。她高中时期就玩游戏，不光玩，还惦记着赚点外快，做了个本地游戏网站，卖点卡；大学时期她成了呼风唤雨的人物，带着一群男生笑傲《魔兽世界》，垄断各区高分精英段位，不光卖点卡，还卖游戏币。

大学毕业，别人都忙着找工作，她揣着 100 多万元，决定继续创业做网站。她把在 IBM 做技术的学长挖来入股，想做一个不同用户点进来能看到个性化首页的游戏资讯门户网站。这个理念在今天并不新奇，行为分析、千人千面嘛，可在当时却是个很前沿的尝试。几个"初生牛犊"不知天高地厚，第一年过去，100 多万元烧完，什么都没做出来……第二年向家里借了 100 多万元，依然打了水漂……

一般人估计就关门大吉，找地方打工还钱去了，但这个女孩子岂是一般人？弹尽粮绝之下，她居然把自己嫁给了那个学长合伙人，又从婆家筹了一笔钱……夫妻俩自此开挂，做成了独步全国的广告个性化投放系统，还踩中了各种创业风口：手游分成、电竞赛事、自媒体、网红直播……几年后，系统销售加股权变现，让他们实现了人生的小目标——赚了1个亿。

说到这里，她可以这么问投资人：下一步，我想把网站转移到app上，各种资源和想法我这边都是现成的，你愿不愿意投资？

投资人的预期是什么？他们要投的，就是创业者不可被替代的独断资源。独断资源意味着这件事由你去实现，会很"容易"。即使你要说的内容大家都懂，也没关系，<u>重要的在于为什么是"你"，要说出你的与众不同，展示你不可替代的独断资源。</u>

本章小结

虽然是用三类产品讲解策略作案例，但你肯定明白，这套"找到听众预期起点"的方法，放在各个沟通表达的场景里，都是适用的。

颠覆类：如果公司出台了新管理办法，可不可以用颠覆式切入呢？我之前所在公司推出的"业务合伙人制"管理政策，就是类比律师合伙人，展示全貌，对业务做全成本核算、全流程管理。

改良类：如果部门推出了新一年营销办法，是不是也可以用改良式切入呢？肯定不需要把营销办法从头讲到尾，重点在于新形势和新挑战，切入痛点——只讲讲跟前一年的不同就好了。

普遍类：如果你需要参加岗位竞聘，毛遂自荐，那么你要展现的不是你要做的工作内容，而是你的独断资源、个人特质。

只要找到了起点，后面的展开就会顺畅许多。期待你回顾自己最近的一场公开表达，体会这套找到表达"起点"的方法吧。

下一章，我们一起看看如何用故事，润物细无声地展现观点。

第四章 135
预期：搭建结构框架，洞悉人性，直指人心

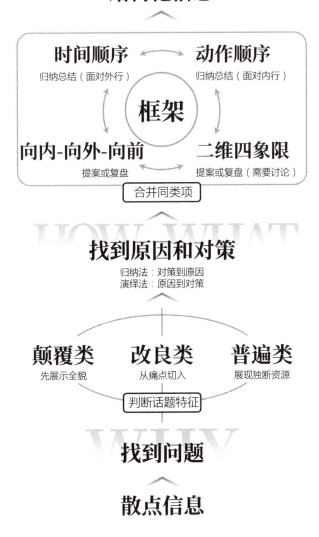

回应预期

从表达观点，到促成行动

听众的行动
预期被充分满足

向往
身份认同
产生行为认同
降低决策成本

损失
避免伤害
比施恩更有效
降低认知成本

反常
获取注意力

容易
把原则变成动作
把方法变成窍门
降低启动成本

表达者的观点

故事

植入观点，把结论藏进经历

第五章

表述观点：没有故事的价值观，只是无聊的说教

> 只有试着用讲故事去改变别人，
> 才不会触发理性防御。

每个人都是被"经历"塑造的，一个人的经历决定了他是谁。我们的改变、成长都伴随着"经历"，有些是在一瞬间突然发生的，被称为"顿悟"。

激发牛顿智慧的，是一颗伟大的苹果；金庸笔下的张三丰，曾被三座山峰的云海启发，自成一派；……我们怎样通过表达来激发听众的"顿悟"呢？把曾经改变过自己的"经历"，讲成一个个四两拨千斤的"故事"。

"故事"并不陌生，我相信此刻的你已经是故事高手了。亲历视角、进入场景、切入反常……前面提到的所有内容，都是在帮你讲好故事。

1. 所有价值观，都有故事

我们要把这些故事用在哪里？用在所有"表达观点"的时刻。

"我们的产品，是行业里最棒的！您跟我们合作吧！"这是在表达"观点"，略显生硬；如果换个方式呢？"有非常多挑剔的客户，货比三家之后，最终都选择跟我们合作。"这句话和前面那句的意图完全一样，但是不是感觉更加可信了？

因为后面这句是"故事"，"故事"就是在用经历传递观点。

2010年，罗永浩还没做直播，他经营着一家英语培训学校。十多年前的老罗嬉笑怒骂，浑身透出少年之气。在我心中，那是他演讲水平和个人号召力的巅峰时期。那时的他讲过一个故事：朋友送了他一块迷笛音乐节现场大屏幕广告位。老罗非常开心，可以面对10万年轻人展示自己的公司，可转念一想，对着一群摇滚青年，劝他们学英语，这事儿也太不靠谱了吧！

迫于朋友的好意，老罗绞尽脑汁思考广告创意，终于做出一支广告片，大意是：听了那么多年摇滚，英语单词只听得懂某些不雅之词，快来老罗英语吧！

特别推荐你看看这段视频，不到4分钟，观看方式参见本章最后的演讲推荐部分。罗永浩的台风一向随意，说话也絮叨，但讲故事绝对是顶尖水平，能让人不知不觉间被他的观点影响。

迷笛音乐节的故事，通篇没有提及老罗英语培训的办学理念、教学特色、文化价值……但哈哈一笑过后，这些会不知不觉间钻进心里，你会觉得罗永浩的英语学校肯定有意思、懂年轻人，跟他学准没错。

试想一下，如果老罗没有讲故事，而是背着手摇头晃脑地在台上说师资团队、教学宗旨……没有了故事的价值观，只是无聊的说教。

2. 讲故事，让听众自己得出结论

和讲干巴巴的大道理相比，讲故事才是顺应人性的表达方式。

我读到过一段特别有启发的话：如果你想说自己很遗憾，反倒通篇最好不要出现"遗憾"，而是描绘第一眼的缱绻与躲闪，回忆在座位旁的小心翼翼和坐立不安、偶然相遇时的满心欢喜和红红的脸蛋；忆及傍晚的操场和自习室的白炽灯，你无数次的试探和来不及的勇敢，还有渐行渐远渐无书的悄然。

为什么要讲故事？因为比起被灌输，听众更希望通过穿梭于一个个生动的场景，自己得出结论。

昨天我看了一本书，一口气看到了凌晨3点，一点都不觉得累！

你能得出什么结论？这本书应该很精彩，值得一看！

领导夸奖用心的下属，会说：我听他的方案，记了满满一页纸。损友之间互怼，会说：看你秀恩爱，我都吃不下饭了。多少句伟大歌颂，都抵不过一句：他放下碗筷、写下诀别信，奔赴火神山施工现场。

再次强调，不是直接说出观点，而是讲一段经历，让对方得出观点。我们平日里说话聊天的内容处处都是故事，可人们对"讲故事"的误解，却也是诸多表达技巧之中最多的。很多演讲者痴迷于"讲道理"，甚至会觉得讲故事就是不务实。

3. 好的故事，用善意唤醒行动

在我还是职场小白的时候，为很多公司领导制作过 PPT，印象中好像所有人都特别喜欢摆数据、讲道理。直到后来，我遇到了一位改变我一生的领导，也曾无数次近距离旁观他是怎么借助故事表达观点的。

今天的我已经领悟到：故事不是务虚，通过讲故事让听众自己得出结论，比起别人强加给他们大道理，效果可谓天差地别。

当年我就职于金融公司，或许外界觉得这个行业最适合摆数据、讲道理。而上文提到的为我表达能力启蒙的领导，却从不说我们要"大力""切实""高举"等这些让人一听就犯困的词，而是会讲述一段经历，让听众在不知不觉中认可他的观点，进而改变自己的行为。

如果他想指出公司投资结构不合理、初创项目占比太高，就会讲金融公司不该从一砖一瓦干起、不要执着于从猴子变成人；他想提醒大家要对业务有所取舍，就会讲自己儿子体育成绩不好的故事，应专注于发展长处和加强核心竞争力壁垒；提及公司文化建设，他就会说起让他心服的公司和创始人……

这些故事的潜台词，同样是要求对方做出调整和改变，但不会令对方觉得被冒犯。经典电影《教父》中有一句台词：当你说"不"时，要让它听上去像"是"一样动听。怎么做到？就是讲故事。

为什么改变他人观点时，要用故事而不是大道理？因为道理背后的潜台词是"你错了，听我的"。只有试着用故事去改变别人，才不会触发理性防御。潜台词是"把我的经历说给你听，不妨参考一下"。

第五章
故事：植入观点，把结论藏进经历

这本书也是一直尝试在用故事启发你、唤醒你，你肯定还记得河神的故事、戒掉可乐的故事、iPhone X 的故事、选手退赛的故事……

小时候我们听故事，是在用故事洞悉世界最返璞归真的法则；今天我们还在不断听故事，是想从别人的经历中获取经验和力量。《人类简史》中提到，人类和其他动物的区别，在于人类能够虚构出不存在的事物。在历史长河中，突然有一个人脑海里闪过了一个念头，顽皮地编了一个故事：这片森林里有个仙女，我们一起去找找吧！

大部分人不信他，可一小部分人相信了，并结成团队一起出发，开始了新的探索。正因为有了这个仙女的故事，人类的大规模协作才逐渐发生。

"仙女"的故事，就好比是一群人、一家公司的"愿景"，尽管这个鼓舞人心的故事是虚构的，但它能够凝结共识，影响一群人。

故事从哪里来，我们怎样找到故事；故事向哪里去，我们怎么把它讲得精彩？带着这样的思考，我们继续探索故事的话题。

马上就练

怎样评价一场演讲是精彩还是枯燥？最重要的恰恰在于"观点"后面是跟着"故事"，还是跟着大道理。留意你希望表达的"观点"，为这些观点都加上故事吧！哪怕是像"一口气看到了凌晨 3 点"这种一句话的故事。

还有一种故事，叫"我懂你"，在谈心、抒怀时特别重要。识别对方的情绪后,用一个故事告诉他,你也经历过同样的情绪,就能迅速拉近彼此的距离。

请你思考:如果同事或下属向你抱怨工作难做、人际关系不好处理、感到困顿无力……你能用自己的故事,跟他共情吗?

素材灵感:讲出曾经影响过你的"关键时刻"

正是因为这些反常的故事,
才让我们对世界的理解,
又向前推进了一小步。

既然故事能四两拨千斤,我们就先来聊聊故事从哪里来,又该如何挖掘出自己的故事。

回想那些我们看过听过的印象深刻的故事,你脑海中可能会浮现一幕幕画面:一位青年,从手无缚鸡之力,到战胜巨龙,成为民众的英雄;一位青年,从蒙冤入狱,到爬出下水道,重获自由;一位老人,从潦倒落魄,到与鲨鱼搏斗,最终拖回自己的战利品……

这三个故事,分别是《驯龙高手》《肖申克的救赎》《老人与海》。你发现了没有?虽然一个个故事主角不同、情节和结局迥异……可故事的底色从没变过:<u>故事是在描绘"改变",通过刻画主角的改变,去影响更多人,推动更多人改变。</u>

你的一生中,一定也有无数个"被改变"的时刻。<u>挖掘故事,就是在你触景生情的时刻,讲出你人生的关键改变。</u>

1. 你深信不疑的"观点"中，一定藏着故事

周杰伦曾经在演讲中，提到自己是一个内向且爱面子的人。请注意，"内向且爱面子"是一个观点，还远称不上形象，如果他言尽于此，听众大概率没什么感觉，但接下来周杰伦补充了一个故事。他说他坐公交车，被后门夹住了手，真的好痛，可他不好意思说出来，以为下一站到站自己就得救了。

结果公交车连续两站没有停，周杰伦忍不住了，只好跟旁边的学姐说："不好意思，你可不可以跟公交司机说一下，我的手被夹到了。"

是不是看到了周杰伦的另一面？不忍麻烦别人、不好意思大声说出来，甚至还要礼貌地麻烦学姐传话……一个"社恐"的形象呼之欲出。所有"观点"都可以用故事来佐证，故事让观点瞬间立体鲜活。

再延伸一点，我们每个人对一件事的判断背后，同样也藏着故事。

一个人的选择，远比努力更重要；能够快速塑造一个人性格和能力的，是外部环境；如果没有先安顿好家庭，再好的事业机会也无法牢牢把握；被"不属于自己的机会"迷惑，失去战略定力，是创业的最大风险……

这些都是我今天深信不疑的判断，背后都是我的亲身经历，都藏着故事。

2. 你的"顿悟"和"改变"，就是能影响别人的故事

每个人，都是在一段段生命体验中，被一次次亲身经历所改变，

进而形成对这个世界的认知的。

如果一个人在表达时，跳过了帮自己形成认知的"经历"，直接把获得的"认知"告诉对方，能不能改变对方的认知呢？不能，因为脱离了生命体验的认知无法被理解，只是枯燥的大道理。我们只有把"曾经改变了自己认知的经历"讲出来，帮对方建立体验感，才有可能影响他的认知（见图 5-1）。

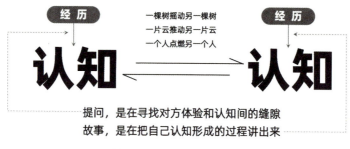

图 5-1　用经历影响认知

有个朋友跟我吐槽，说她家孩子数学成绩很差，她用尽各种办法都毫无成效……她很焦虑。我跟她说：可能你的"焦虑"，才是这件事背后最急迫、最需要解决的问题。我分享了一个自己的故事。

我是被爷爷带大的，爷爷是一所大学的老干部，离休后每天种种地、读读报……接送我上下学、监督我学习。

一年级时，老师让我们每天写一篇日记。回家路上，爷爷听到这个消息比我还高兴：可算有事儿干了。他说：要不我替你写吧！我也特高兴：那还等什么呢？赶紧行动吧！

时间再倒退几十年，爷爷曾负责过统一战线工作，可以说跟文字打了一辈子交道。他模仿小学生的口吻写日记，通顺流畅、情真意切。那年恰逢巴塞罗那奥运会，他写中国夺冠，写全家看邓亚萍比赛，写女排遗憾失利……直到今天，我还清晰地记得中国在当年拿下了 16 枚金牌。我每天看了爷爷写的日记，都特别开心，把文章抄在日记本上，作业少了一大半。

后来老师看了我的日记，给了极高的评价，光评语就写了半页纸，还当着全班朗读。我如坐针毡，不敢说出真相，我能做的就是必须靠自己越写越好，不辜负这份期待。以校规来说，我错了；以结果来说，这绝对是改变我一生的"错误"，让我对写作建立了兴趣。今天，我的文笔还可以，内容创作能力成了我谋生的技能。

后来我得知，这就是心理学所说的"自我实现预言"——外部权威评价对我们每个人，居然能产生如此巨大的作用力。请注意，这个作用力未必都会让事情越来越好，也可能越来越糟。回到那位朋友孩子数学成绩不好的困扰，是不是她的"焦虑"开启了孩子的负反馈循环呢？

爷爷帮我写日记的往事，带来了我人生中的重要"改变"；二三十年后，又引发了我对"自我实现预言"的思考，带给我非常重要的"顿悟"。说到这里，你肯定已经发现了挖掘故事的关键所在：只要讲出你的顿悟和改变，就能通过故事表达你的观点，进而影响别人。

3. 溯源情绪的起点，就能找到故事

"触发情绪"和"发生改变"，这两件事相伴相生，是一个故事的首尾两端。

你可以从终点出发，借助行为的变化寻找故事；也可以从起点出

发，挖掘更感性的情绪，从"起心动念"中挖掘故事素材。

什么是起心动念？就是问问自己：哪些场景曾触发你的情绪，哪些事情曾让你思绪万千？

在金庸的小说里，张三丰本想去投靠郭靖，结果半路偶然听到一个农妇对农夫说"除死无大事"，心想：难道非依靠别人不可？张三丰决心自立门户，后来开创了武当派。这对夫妇的对话让张三丰心生思索，他不甘寄人篱下，改变也由此发生。

这样的时刻很多，遗憾、不甘、兴奋、憧憬……很可能在和朋友闲聊或者刷着朋友圈时，情绪和念头就随之自然流淌。

近几年，我最大的遗憾，跟一个女孩有关。2018 年，我在珠海结束了一场线下课，一个女孩问能不能加入我的团队，她觉得我在做的事很有趣，也很有价值。我婉拒了她，但也记住了她——她叫小宇。自此我们成了彼此朋友圈里点赞的常客。

3 年过去了，小宇得知我在深圳开课，特地赶来复训，担任助教。在最后一天登台演讲时，她告诉大家她即将来深圳总部工作。我很开心，介绍她加入了一个学习和社交的圈子，希望能帮她快速融入新的生活环境。

后来在一次线下学习现场，我听到小宇对另一位同学说："你讲的我完全没懂，不知道你是怎么做的，你给的案例也不清晰……"句句如刀，都是指责和抱怨。

那天晚上，我在微信上提醒小宇：给别人提建议也要注意方式方法。她的回复一如既往地热情温暖，并以一个感谢我的表情包结束了对话。

我当时绝对想不到，这居然是我们此生最后一次聊天。一个多月后，她选择结束生命，离开了这个世界。再后来我才知道，她一直患有躁郁症（又称"双向人格障碍"），我明白了为什么那天她性情大变，说话咄咄逼人不留情面。那段时间我经常想起她，我总觉得如果当时自己足够敏锐，如果经常和她聊聊天，最终的结果会不会不一样。

这是一个关于"遗憾"的故事，这段经历也影响和塑造了今天的我。此后，在与朋友、学员相处时，我都不断提醒自己：珍惜身边的每一个人，放下苛责和指教，因为我们可能根本想象不到对方的处境，也根本体会不到他正经历着怎样的艰难。

总结一下，关于怎么找到影响他人的故事素材，给你的几个思考方向是：

（1）现有的观点和判断，一定是亲历了过往的故事后形成的。讲出来，会让一个人更鲜活、一件事更立体。

（2）在所有的顿悟时刻，你的认知被刷新，改变由此发生。你的故事也由此拉开了序幕。

（3）你曾被什么场景触动？你的起心动念、情绪波澜，也是你经历过的最难忘的故事。

马上就练

你最近一次起心动念是在什么时候？你的收获又是什么？

有一个演讲流派，叫即兴演讲，我认为即兴演讲的核心能力，是懂得如何"触景生情",换言之,就是把起心动念发挥到高水平。不用羡慕那些张嘴就能讲两句的人,其实你完全可以通过积累和练习获得这种能力。给你两个行动建议:

- 试着借助现场找到话题,作为你表达的开场白

乔布斯在斯坦福演讲时是这样开场的:斯坦福大学是世界上最好的大学之一。我从来没有从大学毕业。说真的,今天也许是我生命中离大学毕业最近的一天了。

- 针对你讲过的同一个故事,多找几个延伸话题

我对第一次帮总裁做 PPT 的经历印象深刻,同样是这段故事,话题可以朝着 PPT 设计、职业精神、沟通反馈、建立信任等很多方向延伸。

每一件让你印象深刻的事,都至少可以用在 3 个不同场合,来表达 3 个不同的观点。

生动演绎:事实 - 感受 - 评价,三位一体的演绎法

好的故事,就是在流水账的基础上,补两个视角:感受和评价。

讲故事,就是试着把你经历过的一个个情绪点连成动人的线。

怎样让自己迅速成为讲故事高手呢?接下来给到你的,是一个结构框架,还有一个练习方法。好的故事,就是一个基于事实的流水账,再加上两个视角:感受和评价。

1. 故事结构框架：事实 – 感受 – 评价

事实，是发生过的事情；感受，是当时的心理状态；评价，是事后对当时的判断。在所有故事里，我们都能找到"事实、感受、评价"这三个部分。那些讲故事高手们，都是把想讲的故事装进了这个框架。

陈铭在演讲《我来》中，讲述了火神山医院10天建成背后的故事，他提到这样一个细节：

一位在火神山的监理人员，他的手机里至少有100个工作群，每天接打电话200个起步。（事实）

每天回到宿舍，嗓子都是冒着烟的。（感受）

可见，这是一个多么"恐怖"的协调工作。（评价）

为什么故事能准确传递情绪，让大家愿意去相信？就是因为故事里包含的"事实–感受–评价"。在影响他人的过程中，这三者缺一不可。如果直接说出观点：火神山建设的协调工作强度很高……这种缺少了"事实"和"感受"的"评价"，只是正确的大道理，感染力和冲击力下降了不知道多少个层次。

任何场景下的故事，小到学生日记，大到家国情怀，善用这个结构框架，能让你的观点生动鲜活，具备极强的张力。

用"事实–感受–评价"的故事结构框架，借助"一句话故事"，为事实和道理加入情绪，强化你的观点。

例如，二年级小学生开始学做PPT。这听上去更像是客观事实，如果换个视角，带入起心动念，瞬间就能变成故事。

前几天，邻居找我帮忙，她家孩子才上二年级，就要交 PPT 作业了，可把她愁坏了。（事实）

我一听都惊了，想当年我大二那年才做了人生中第一个 PPT。（感受）

现在小朋友压力够大的……（评价）

2. 将"事实－感受－评价"细化，打造更生动的故事

如果想像大咖那样，讲出更加生动精彩的故事，该怎么做？简单地说，就是继续挖掘"事实－感受－评价"结构框架。

在原本的某个维度上继续深化，就是让故事变生动的方法。我们一起来看一段乔布斯在斯坦福大学的演讲，相信你能体会到将"事实－感受－评价"细化的感觉。

十七年后，我上大学了。（事实）

但是我很无知地（评价）选了一所差不多和斯坦福一样贵的学校，（事实）

几乎花掉了我那"蓝领"养父母一生的积蓄。（评价）

六个月后，我觉得不值得。（评价）

我看不出自己以后要做什么，也不晓得大学会怎样帮我指点迷津，（感受）

而我却在花销父母一生的积蓄。（评价）

所以我决定退学，（事实）

并且相信自己没有做错。（感受）

一开始非常吓人，(感受)

但回忆起来，这却是我一生中做过的最好的决定之一。(评价)

从我退学的那一刻起，我可以停止一切不感兴趣的必修课，(感受)

开始旁听那些有意思得多的课。(事实)

3. 帮你学会讲故事的小游戏

用"事实–感受–评价"的结构框架讲故事，看上去挺简单，但实际讲好也并不容易……给你一个练习的方法，不敢保证你马上就能成为故事大师，但我相信，练一次就有一次的收获，进一寸就有一寸的欢喜。

这个练习需要你做两个准备：

（1）找三张卡片，分别写上"事实""感受""评价"。

（2）脑海里想一件发生在你与最亲近的人之间的最难忘的事。

就像我现在，已经准备好了。我脑海里的故事，是我夫人帮我走出人生低谷，重新振作的一段经历。

接下来，先说出这个故事发生的时间——2015年；然后，抽一张卡片，按照抽取的卡片，继续说下一句。

重复一遍：事实，是发生过的事情；感受，是当时的心理状态；评价，是事后对当时的判断。

好，我抽到了"感受"卡。2015年，我当时的心理状态是怎样的呢？

2015年,是我人生中波澜不惊的一年,我最期待的事不过是新房的装修。

这个故事的进度条,稍微向前滚动了一点点。我把抽到的"感受"卡放在一边,继续抽卡,这次抽到了"评价"卡,此时要把事后的判断补充进故事。

没想到,这一年却是我之前从未想过的人生新起点。

如果抽到的不是"评价"卡,而是"事实"卡呢?那就要去回忆当时发生的事情,接下来的故事走向就是:

我每天朝九晚五,白天工作,晚上玩游戏。

不管抽到什么卡,都要把抽到的卡放在一边,再在另外两张卡里继续抽。这个故事如果继续讲下去,我会提起2015年股市的大起大落,自己从盲目膨胀到自我否定,我夫人是怎么鼓励我写公众号的,然后文章无意间被罗振宇转发……最终,我成了今天创业者的模样。

这个工具是我在帮演讲者挖掘故事时用到的方法,被称作事实－感受－评价(Action-Colourful-Evaluate,ACE)模型。用起来也很好玩,就好像你在看电视剧,电视剧的主演是你,"事实"是情节,"感受"是剧中人的内心独白,那"评价"呢?是电视机前作为观众的你,对剧中人、剧中事的点评。

现在把这个小练习推荐给你,你自己先完整地练习一遍,再把收获的思绪稍加整理,不断描述事实、代入感受、做出评价……一个动人的故事就信手拈来了。你的一步步追问,不光可以帮你找到讲故事的思路，更能帮你完成对细微情绪的觉察。

> **马上就练**

当你熟练运用事实 – 感受 – 评价的结构框架之后，更高阶的做法是试着用更加丰富的"事实"，替代"感受"和"评价"。

- 针对学生做 PPT 作业，哪怕我不说"评价"，大概率你也会拥有跟我一样的看法：小朋友的压力很大。
- 手机里至少有 100 个工作群，每天接打电话 200 个起步……接下来即便不提"感受"，你也能感觉到这份工作的不易。
- "昨天我看了一本书，一口气看到了凌晨 3 点，一点都不觉得累。"把"事实"与反常的"感受"结合在一起，"评价"也就呼之欲出了。

请你思考：在什么情况下，"感受"和"评价"可以被省略？这样做有什么优点，有什么不足？期待你的发现。

商业故事：带领听众一起，打破人心和认知的边界

在商业世界，
最重要也是最稀缺的说服力和影响力，
就藏在故事里。

比起个人故事，讲好商业故事的难度更高。怎么定义"商业故事"？"商业故事"跟"个人故事"有什么不同？有时候，"个人故事"是为了展示自己、拉近距离、加深了解，比如社交场合下的自我介绍；而好的"商业故事"，一定是可以突破"人心的边界"的，换言之，商业故事的目的性更强。

好的商业故事还可以提高沟通效率，打破"认知的边界"。用"曾经的改变"促成"未来的改变"，不光要能自己成事，还要能帮他人成事。

拉近立场、淡化隔阂、提高效率……桩桩件件都是最难做到的事，只有"会讲"才能让个人能力变成组织能力。在商业世界，最重要也最稀缺的说服力和影响力，就藏在故事里。

1. 商业故事，不是"理性"地讲故事

可能你会本能地认为，讲商业故事要注重逻辑，理性克制；而讲个人故事，才能真情流露。实际上，只要站在了舞台上或代表某方发言，你的立场就跟听众天然对立了。我希望你先破除偏见：商业故事带有明确的目的，所以才不能"理性"地讲，反而更需要感性。

2018 年 4 月 25 日，雷军在母校武汉大学召开了一场发布会。他讲到自己求学时期的故事。大学时的雷军，有一天晚上激动得睡不着觉，在操场上一圈一圈地跑步。因为在这之前他刚看完一本书——《硅谷之火》，讲的是乔布斯、比尔·盖茨这些人的创业故事。雷军说，一个少年，从那天起有了自己的梦想，立志要成为伟大的人。

后来的事，很多人都知道了，雷军毕业之后去了金山软件，28

岁当上总经理，后来金山上市，但不是他想要的结果……此时，已经实现财富自由的雷军，回到操场，走了一圈又一圈，他觉得自己离"伟大"二字越来越远。他问自己：这个岁数的我，能不能再努力一把？！随后，雷军成立了小米，他决定做感动人心、价格厚道的产品。

发布会上，雷军宣布了小米的重大决议：小米的硬件综合净利润率永远不超过5%（见图5-2），这项决议被写进了小米的董事会章程。

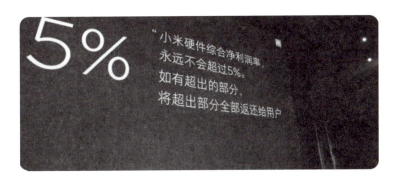

图 5-2 小米发布会现场

愿你出走半生，归来仍是少年。我被雷军少年般飞扬的心性和人到中年的不甘打动了。这是一个很典型的商业故事，雷军告诉人们小米为什么出发。不论是消费者还是员工，都能更加了解小米是谁。

判断一个商业故事是否合格，要看打破边界时，能否避免触发听众的理性防御；要看最终听众是否愿意相信你的立场和动机。

讲好商业故事对我们的讲述技巧提出了更高的要求。下文将给出两个建议：用画面推进情节、用悬念制造意外。

2. 弱化主张，用画面推进情节

什么是用画面推进情节？营造一个感性的画面，把听众的理性封藏起来。比如，雷军在 2018 年那场发布会上的商业故事，是这样开场的：

我是 1987 年上的武汉大学，弹指一挥间已过去 31 年，记得那时我青春年少，走在樱花大道上，阳光灿烂。

好的商业故事，会把主张藏在故事里。而讲故事的第一步，就是用画面感让听众进入你的世界。

知名咨询公司麦肯锡推出的金字塔原理，也叫结构思考力，影响了无数商业人士的表达习惯。其中最重要的一条原则是"结论先行"，但我建议你，<u>商业故事千万不要结论先行</u>。因为结论先行大概率会触发理性防御。更好的表达模式是"立场先行""问题先行"，<u>并且为了让听众卸下防御，在抛出带有观点主张的问题之前，应该先给出直观的画面</u>。

如果雷军在一开始就说：大家好，接下来我将分享自己的创业历程……可以想象，演讲效果不会太好。

如果是个人经验分享，这完全没问题；如果是代表公司，面向很多陌生客户，那我建议一定要调整讲述方法。讲商业故事不需要先立好一个话题，然后用一场演讲去证明它；而是需要带着听众游历，把气氛烘托到高点，再顺水推舟地表达自己的观点。

商业故事对营造画面感的要求远高于个人故事，要尽量用画面和细节推动情节。

3. 跌宕起伏，用悬念制造意外

还有什么方法，可以让听众抛掉"理性"呢？"悬念够多"和"起伏够大"。雷军说，他上大学时激动得睡不着，梦想成为伟大的人；40岁时，从梦中惊醒，他发现自己离梦想越来越远……雷军还能如愿吗？他是怎样实现梦想的？

我们讲过，"悬念"就是隐藏信息。更好的商业故事，对制造悬念也提出了更高的要求。

一位朋友跟我讲过她到深圳创业的故事：

22岁的我，辞掉了深圳月薪2万元的工作，回到湖北加入了一家公司。公司在高速公路旁，嘈杂、偏僻……

我回来的原因很简单，董事长是我爸爸。我整晚睡不着，不断叩问自己：这是我想要的生活吗？

终于，我还是飞回了深圳。再次来到深圳，我却更迷茫了。我想要的很多，能做的却很少，不知道未来在哪里……

这个故事的目的，是通过创始人寻找人生意义的过程来传递公司和产品的价值观。请注意背后的情绪曲线：

从深圳辞职（悬念）—湖北公司（情绪下坠）—爸爸是董事长（情绪上扬）—叩问（情绪下坠）—重回深圳（情绪上扬）—更迷茫（情绪下坠）—未来（悬念）

情绪起伏够大、悬念够多，听众的理性就追不上你，不知不觉被注入观点。如果她换个讲法，说"22岁的我，加入了我爸爸的公司"，看似意思没变，但少了悬念和情绪起伏。

4. 最后的提醒：表达无法解决所有商业问题

在信息高度互通的今天，一点点违和感都会被无限放大，故事有时可以适度夸大，但绝不能做假。最后给你的提醒是，商业故事，最后必须要有强有力的"实锤"。雷军决定小米的硬件综合净利润率永远不超过5%，这就够了吗？不够，因为空口无凭。所以，必须把这项决议写进董事会章程。故事要走在商业行为的后面，故事只是商业行为的扩散和补充。

所有的情绪起伏，会在最后尘埃落定的一瞬间，被再次唤醒，迎来情绪的高潮。表达当然不能解决所有商业问题，降低决策成本，可能需要找个代言人背书；降低认知成本，可能需要不断打广告；降低启动成本，可能得给对方一个试用装、体验套餐……

问问自己，你的商业故事里，让听众彻底信服、愿意为你起立鼓掌的那个"实锤"，是什么？

> **马上就练**

本节提出的所有要求，都把讲故事的难度拔高了一个层次，需要你多在实战中体会和练习。我认为其中最难的是怎样组织内容和信息，不断制造悬念。

下文给出一组商业故事素材，请试着在脑海里多过几遍——

- 1876年，爱迪生制造出第一个白炽灯，两年后他夸下海口，要让电灯比煤气灯便宜

- 6年过去了，爱迪生夸下的海口还没实现，饱受争议
- 金融家摩根被爱迪生吸引，为他提供支持，创办通用电气公司
- 爱迪生主张采用"直流电"技术。而在摩根的主导下，公司与主张"交流电"的对手兼并了
- 爱迪生得知被公司背叛的真相，卖掉股票，彻底退出
- 事实证明，电力的未来属于交流电，通用电气成了工业革命时期最伟大的公司

怎么隐藏信息呢？给你一个最简单的建议，试试用这两个句子做结尾："这个人，叫爱迪生。""这家伟大的公司，就是今天的通用电气。"

我想你肯定明白了：在故事里，把所有人都知道的信息先藏起来。期待你的更多发现。

【案例分析】几个让我记忆犹新的好故事

故事来自改变，商业故事来自商业组织的改变。

不论你想讲述的是产品、公司还是模式……只要找不到灵感，都可以翻到这一节多看看，借用下面这个模型（见图5-3）启发自己，找到改变背后的故事。

（1）创新的故事：从0到0.1，为什么出发。怎样的一道光照进脑海中，产生了灵光一闪的念头？脑海中的这束小小火花，承载着公司最初的使命。

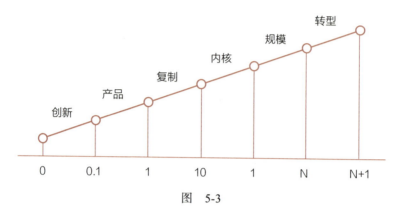

图 5-3

注：图中横坐标数字不具有实际的数学意义

（2）产品的故事：从 0.1 到 1，完成产品交付。这道光怎么照亮一颗嫩芽，把创意、理念变成了产品？所有深入人心的产品发布会，都是在讲从灵感到产品的故事。

乔布斯想做改变世界的手机，他是如何定义 iPhone 的；乔布斯想做世界上最轻薄的笔记本，他是怎么做到的……

（3）复制的故事：从 1 到 10，组织发展、产品量化。产品功能是怎么丰富的，产品线是如何扩大的，公司是如何发展的……

过程中，克服了哪些产品方面、管理方面的瓶颈，逐渐形成了怎样的文化……又打下了怎样的得以继续前行的基础。

（4）内核的故事：从 10 到 1，找到核心资源和禀赋。规模提升，迎来新的挑战，接下来要如何回归本质——聚焦禀赋、深耕主业。这时往往面临着诱惑和取舍，还要能够正视自己，进一步提高精益化程度。

（5）规模的故事：从 1 到 N，把标准变成流程。到这个阶段，考验的是一个组织的规模化复制能力。一家店，怎样保证在开放连锁的同时还能控制品质？其中肯定有把标准变成流程的故事。

（6）转型的故事：从 N 到 N+1，朝下一个方向再出发。最后，每一次重大转型的背后当然也有故事。

在本章的最后，推荐几个演讲。我已经整理好，关注我的公众号"刘哲涛"，回复"表达"即可获取观看方式。

在我看来，这几个演讲都具备非常难得的、可供你迅速吸收消化的某种特质，我相信肯定能给你带来启发。

1. 罗永浩：一个理想主义者的创业故事Ⅲ（2012 年）

罗永浩早年跟方舟子有过激烈的冲突，方舟子列举了好几条罗永浩的培训学校的罪状。罗永浩在这场演讲里一一化解。

为什么单单推荐这一段故事呢？罗永浩说出了网络舆论战的真谛——没人喜欢苦大仇深，如果被人欺负了，你还击的姿势一定要是娱乐化的，正如这段演讲里他的做法。

特别提醒，这个演讲里有些逻辑称得上是诡辩，我就不剧透了，期待你打开批判性的视角。

顺便一提，我对罗永浩的感情挺复杂的，他"上古时期"（锤子手机时期之前）的演讲都挺值得看的，好处是你会对演讲多几分信心，坏处是你容易被他的风格带偏……

2. 乔布斯：斯坦福大学毕业典礼演讲（2005 年）

这个演讲实在太经典了，"Stay Hungry，Stay Foolish"（求知若渴，

虚心若愚）就是出自这里。

拉近距离的开场、三段论的结构、情绪起伏的情节，最后还有金句收尾……这是乔布斯最善用的演讲节奏，你完全可以试着把自己的内容套进他的节奏里。

推荐这个演讲更重要的原因，是希望你能跟乔布斯学学，怎么去讲"心灵鸡汤"，怎么建立文化价值观，怎么激励他人。

在下一章，我会提到我的一个朋友，他曾在国外研读神学，有着牧师从业经历……他告诉我建立企业文化价值观，要用每个员工自己的故事，而不是创始人和企业的故事。

我听完之后也是恍然大悟，而乔布斯的这个演讲，可以帮你找到传递价值观和激励他人的正确方法。

3. 罗振宇：2018年跨年演讲（2018年）

春晚广告的故事是这场演讲的小高潮，讲了一段罗振宇自己"出丑"的经历。他膨胀了，居然想去投春晚广告，结果惨遭打脸……

我希望你重点关注的，首先，是罗振宇在讲故事时的悬念设置和情绪变化，你可以留意，他是怎么用"自嘲""自黑"拉近跟听众的距离的；其次，是故事里的事实、感受、评价，这三股力量是怎样拧成一股劲儿，不断推进故事走向的；最后，与罗永浩的随性和乔布斯的节奏感不同，罗振宇的故事是早就写好了稿子的，但他在台上的状态却很自然，这也是我们努力追求的一种状态。

4. 陈铭：我来

这是我在 2020 年疫情期间听过的最感动的演讲，讲的是火神山 10 天建成的真相，突如其来的新冠疫情，对我们每个人的影响不言自明。

我们都知道有无数无名英雄付出了巨大的努力，可如何才能把这些努力背后的故事串起来？要有非常多的反常的故事细节；更难得的是，陈铭反复用"我来"两个字，滚动起了强大的语言势能。

接下来在第七章，我们会介绍听觉锤，这个演讲也是非常好的预习素材。

最后，再推荐你几个演讲，这些演讲都出自得到高研院的同学，都曾带给我满满的感动。

潘利华：微调改变世界。

陈振：怎么到下沉市场打胜仗。

杜立勇：怎么在工作中实现自我价值。

赖升：好想法落地难怎么办。

崔海波：想要解决一个系统问题，怎么办。

茶余饭后，抽时间看看这些演讲，顺便想想自己在哪些场合可以向他们靠拢，很快你也会成为讲故事的高手。

本章小结

我认识一位培训师前辈,有一次我们聊到讲故事中事实－感受－评价这三个维度,他说:认知心理学对人类的语言能力发育做过研究,一个人,最先形成的是事实叙事能力,比如孩子喊出的"爸爸""妈妈",都是用一个词指代特定的人;后来逐渐有了概念叙事能力,例如亲人、水果,用一个词指代特定的群体;再后来又有了程序型叙事能力,这时才能按一二三点,说明白一件事。

可是接下来,人跟人的语言发育程度就不一样了,有的人可以更好地表达感受、做出评价,但有的人在这些方面就相对比较薄弱,基本停留在使用事实、概念、程序来表达的程度,换言之,就是不擅长讲故事……

这位老师还告诉我,很多猎头在面试年薪几百万元的高管时,都会进行一项隐性考评:通过提问,考察这些高管表达感受、做出评价的能力。

因为讲故事本身,就是领导力的重要组成部分。从现在起,抓住自己的起心动念,把你的故事融入每个观点,去影响更多人吧。

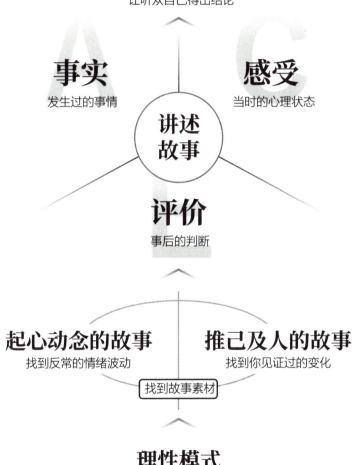

第六章 虚实
打造记忆点，真实具体赋予意义

真实具体："你知道的"和"你以为他知道的"，是两件事

所有主观感受、数字、概念……
都是听众没办法轻松触达的。

本章的关键词，是"虚实"。想跟你探讨的是，怎样把表达中虚的部分讲得真实具体，怎么为实的部分赋予意义。

为什么我们的表达要做到"虚实相生"？因为只有将虚和实结合到一起，才能让听众的感受更加立体全面，才能让他们接受并认可。

1. 遥远的故事，都是虚无缥缈的

2008 年，我刚入职场，参加了公司组织的新员工培训。一群新人看了公司宣传片，学习了创始人的奋斗历程，有点感动，但对于什么是"企业文化"，依然非常懵懂。至于往后应该做些什么，我更是什么都不知道。

时至今日，假如让你去讲自己公司的使命、愿景、价值观，你要怎么讲？觉得虚不虚？太虚了！就连我认识的一家上市公司品牌负责人都直言：让员工统一思想，比号召大家拼命干活还要难。

为什么企业文化不容易讲好？因为公司创始人和大事件离普通人太远，这些故事都是从公司宣传片、公司文化手册上看到的，本来就很虚的事，更加令人捉摸不透。有没有更恰当的表达方式呢？

2019 年，我认识了一位朋友，他在国外当了 4 年的牧师。他告诉我一件很反常的事：在接受布道训练的时候，他发现布道很少去讲宗教创始人的故事，更多是讲"自己"是如何被教义改变的。

离你远的，你会觉得虚；离你近的，你才会有真切的感受。我想，这就是当年看完公司宣传片后感到懵懂的原因了。

比起远在天边的大道理，让听众认可公司文化的更有效方法，是让听众找到真实感。什么是文化？文化是群体约定俗成的行为模式，是特定情况下的集体选择。

而我们要做的，就是借助故事，把"文化"落到每一个人身上，真实而具体，这就是我们说的"实"。

虚的事不能用虚的方式去讲，而要做到足够真实、足够具体。

还记得罗永浩讲过的迷笛音乐节的故事吗？用这样的故事来传递价值观，才足够"实"。

2. 主观的感受，都是虚的

除了公司文化这种宏大命题之外，你的所有主观感受，对听众来说，也都是虚的。我的一位律师朋友，讲述她受理过的一个案子时用了一句话:"取证特别艰难。"

什么叫特别艰难?对听众而言,这是非常虚的。接下来,她补充了当时的场景:她和伙伴把满满3个平板车的卷宗堆到办公室,5个伙伴足足整理了3天3夜,终于找到蛛丝马迹。这才把"特别艰难"这个"虚"词,让听众实实在在地感受到了。

我听到过一段痛苦的描述,来自一个曾濒临破产的企业创始人。他说:那几周我瘦了20多斤,每天只有靠药物才能入睡。每天最幸福、最踏实的时候,就是凌晨三四点吃下药躺在床上。但我知道,几小时之后,我又要爬起来,继续面对这一切……

即便你没亲耳听到,只是看这几行文字,也会为他感到揪心吧。

我有一位"95后"朋友,她说自己是"佛系"少女,对什么事都无所谓,从不觉得努力有多重要。有多"佛系"呢?老板让她干什么活儿她都提不起精神……奇怪的是,也不知道为什么,她做什么都特别顺,月工资一路从8000元涨到30 000元,可她对收入没有一点儿感觉,依然无所谓……

"佛系"这个词很虚,对涨工资的无感,才能进一步把"淡泊名利"的感受坐实。

3. 客观的数字,也是虚的

刚刚我们提到的"虚",都是主观感受。我建议,还可以把表达中看似客观的、具体的数字,都当作"虚"来对待。

举个例子,假如面前有一个涵洞(见图6-1),要往里走大概600米。600米这个数字是"实"还是"虚"?有可能你会认为它是实的,为什么？因为数字很具体，就是 600 米，我们也大概知道有多长。但是为什么我建议你把它当作虚的？因为听众不知道"涵洞里的 600 米"意味着什么。

图 6-1 涵洞现场

所以，这个细节在表达中的呈现，应该更加真实具体：在涵洞里深一脚、浅一脚，脚底下是淤泥，身上都是脏水⋯⋯这是我走过最长的 600 米，原本在地面上 5 分钟的路程，在涵洞里却走了整整两小时！你看，这样一来，就把大家体会不到的艰难，说成了实实在在的感受。如果你的表达中有数字，不论这个数字是什么，都要再加以解释，让听众更深刻地理解数字背后的含义。

总结一下，不仅要把宏大叙事变成实实在在、能触碰到的事件，还要把很虚的概念、感受、数字⋯⋯用更实的方式加以论证和描述。

还有什么方法能把虚变成实呢？

| 马上
| 就练

把主观感受、观点、数字都当成"虚"来对待，想方设法把它们

说实。

例如天气很冷,如果你说冷得瑟瑟发抖,这算不算"说实"呢?我认为依然不算,因为"瑟瑟发抖"在今天,已经演化成了某种网络流行的形容词。

在第一章中,我们说"放大感受"的时候,有一个细节,不知道你是否记得,那就是"尽量使用动词和名词,少用形容词"。描述"很冷"可以怎么做呢?

女孩的小手小脸已经被冻得通红,她不由得裹紧了衣服,搓着双手,不停地跺着脚,却依然瑟瑟发抖。

可以对照600米涵洞的例子,再找找感觉。

如果你有记忆犹新的激动或后悔时刻,试着把你的感受描述出来吧。切记,要做到真实具体。

成为第一:瞬间占领听众心智的最佳捷径

让别人记住你的好方法,
是占领一个没人占领的价值高地。

我们继续来讲如何把虚变成实。除了将主观感受、客观数字……变成离听众更近的故事,还有什么办法能把虚变成实呢?你可以试试这个方法:让你的话题成为听众心中的"第一名"。

你肯定听过类似的名言:第二名和最后一名没什么区别,因为人们只记得住第一名。第一个进入太空的是加加林,第一个登上月球的是阿姆斯特朗；世界第一高峰是珠穆朗玛峰，第一高楼是哈利法塔……很多人并不知道这些领域的第二名是谁。这就是扎心的现实。

1. 营销，就是为了成为某品类的头部

在商业世界中，有一个著名的营销流派，叫作"定位"，由营销大师艾·里斯和杰克·特劳特开创。他们认为，在成熟稳定的市场上，消费者的心智空间往往只能容纳两个品牌，如果你的品牌无法在同一品类中做到数一数二，就得重新考虑战略布局。

用户每一次看似不经意的选择，都是在对某一个品类下的品牌进行排序，并选出心中的第一名：想吃快餐，可能会去肯德基；想吃火锅，可能会去海底捞……如果有一天，想吃快餐了，但又不想去肯德基，怎么办？这时会建立新的序列并重新做出选择：在"没吃腻的快餐"中，排第一名的又是谁呢？嗯，可能是麦当劳，于是选择它。

定位理论受到了很多企业家的喜爱，好像什么都不用改变，只需要想方设法划定一个维度，让自己成为这个品类下的第一名，就能够被更多人记住，进而获得更大的成功。这个想法当然有它的局限性，但回到表达本身，你的观点在外行眼中可能并没有那么不同，能迅速让他人认可的方式，恰恰就是划定一个维度，并成为这个维度下的第一名。

做好"定位"这件事能带来什么价值呢？我想分享一个亲眼见证的案例。

国内有一个很著名的连锁酒店品牌，叫华住，旗下有好多子品牌，比如汉庭、桔子、全季等。我连续几年参与华住年终的世界大

会，见证了华住的高速成长。印象最深的是有一次大会上，华住提出对旗下汉庭的期待是"国民级"酒店。2015 年，汉庭打出了全新的口号：爱干净，住汉庭。我想，你在大街小巷肯定看到过。

怎样让人们记住并且选择汉庭呢？对汉庭来说，这句口号的所到之处就是它的表达战场。令人吃惊的是，一年后，汉庭平均每间客房的收入增加了 22 元。可别小瞧了这 22 元，要知道快捷酒店一个房间的价格本来就没多高。

2. 找到没人的山头，插下自己的旗子

"爱干净，住汉庭"，这个口号帮汉庭牢牢站稳在了消费者心中快捷酒店这个品类下，卫生环境维度的第一名。可能你会纳闷：对酒店来说，干干净净不是理所应当的吗？可理所应当，不代表所有人都做到了。就算其他酒店也做到了，但它们没有把这句话喊出来……用户又从何得知呢？

很多行业内觉得理所应当的事，往往需要我们站在行业之外，利用外部视角，才能发现更好的定位机会。

我还听过一个故事，主角是营销大师霍普金斯，他有个学生叫大卫·奥格威，是奥美广告的创始人。有一次，霍普金斯帮一款啤酒构思广告创意。当时，啤酒厂的老板很发愁，他觉得自己家的啤酒平平无奇，实在没什么卖点。

霍普金斯发现了一个细节：灌装啤酒时要先用高温纯氧吹酒瓶，吹完再灌装，啤酒才不会变质，口感也会很好。他说，就把这个作为广告卖点吧："每瓶舒利兹啤酒在灌装前，都经过高温纯氧吹制，以

保证口感清冽。"

啤酒厂老板一听：你这绝对外行，因为这根本不是卖点，而是标准工序，所有啤酒都是这么做的！然而，在霍普金斯的坚持之下，广告发布了，舒利兹啤酒也卖"疯"了。

内行不以为意的卖点，在外行看来却独树一帜：我倒要看看这个啤酒口感有什么不一样！喝完后还会"不明觉厉"：嗯，你还别说，这啤酒它确实不一样！

先发者是能抢占红利的，只有占据了这个品类的第一名，用户才会买账。反之，如果卖点被"汉庭和舒利兹们"抢了先，其他人能做的，要么是通过差异化寻找新亮点；要么是另辟蹊径，开创一个新维度。

成为第一，是占据用户心智的捷径。要让别人记住你，就要占领一个没人占领的价值高地。这时，你需要的不是专业视角，而是让自己拥有外部视角。

马上就练

如何训练自己找到"定位"的能力呢？提供给你一个练习3分钟就能立竿见影的表达技巧。

不断强调自己讲述的话题，是×××之最。

例如：这是我认为最重要的方法；这是我收获的最宝贵经验；这是我认为最具性价比的解决方案……

如果你要讲的是重要性"第二"的方案，怎么办？那就在讲完"第一"之后，说：接下来，我觉得最重要的是……

总之，不断用"最"这一字眼，强调自己提到过的和即将提到的内容，是最低成本获取对方注意力的方式。今天就试着把它加进你的表达中吧！

赋予意义："你学的不只是表达，更是美好人生算法"

唤醒听众心底向往的情绪，
就是"赋予意义"最大的价值。

如何把表达中的"虚"变成"实"，相信你在前两节内容中已经找到了一些感觉。接下来，我们迎来了新挑战：如果你想表达的内容已经非常"实"了，怎样才能让听众更容易接受呢？我们要尝试把"实"变成"虚"。

先来定义一下，什么样的表达是我们所说的"实"？举一个例子：为了身体健康、营养均衡，我建议你每天喝一杯牛奶。这个就够"实"：每天、一杯、牛奶，绝对真实具体。

但是，作为听众，面对如此实在的建议，你感觉被打动了吗？我想并没有。毕竟，没有多少人愿意"被命令""被教导"。所以这时，我们需要一点"虚"来做缓冲。"虚"是什么？<u>我们说的"虚"，就是要为一件具体的事赋予更深远的意义。</u>

喝牛奶这件事，怎么被赋予意义呢？你可能对当年这句口号还有印象：每天一杯奶，强壮中国人。这个口号有点暴露年龄，如果你是"95后""00后"，可能没法想象：喝牛奶居然能上升到民族强大这样的高度。但在20世纪90年代初，年幼的我确实亲身经历了全民喝牛奶的浪潮。我想，今天的万亿级乳制品市场，应该也受到了这句广告语不小的加持。

回归到我们自身的表达。把"实"变"虚"，从而赋予意义，具体怎么做呢？

1. 找到群体记忆和群体情绪

为什么在20世纪90年代，"强壮中国人"的口号会让大家心潮澎湃？因为彼时的中国，还不如今天这么富足、强大。记得我上初中的时候，发生了美国轰炸中国驻南联盟大使馆事件，语文老师在台上激动地痛斥列强的蛮横。"列强"这两个字，被我记进了本子，还用力画了个叉。

20多年后再提及美国，我们可能不会说它是"列强"了。时代变了，群体的记忆和情绪也发生了翻天覆地的变化。

20世纪90年代，格力空调的宣传口号是"格力，掌握核心科技"。那时候，很多高科技都被国外公司握在手里，这句口号可以让我们感受到在特定时期，中国发愤图强的民族情绪和永不服输的精神底色。

2015年，格力品牌升级，带来了沿用至今的新口号，"让世界爱上中国造"。同样是为"造空调"这件事赋予意义，格力不同选择的背后，有其自身实力变化的因素，但同时也是在顺应特定时代下的民族情绪，唤醒民族自豪感。

2. 唤醒每个人不变的向往

还记得"预期"那一章，我们说过的"向往"吗？每个人的向往，都是成为更好的自己。这句话看似很鸡汤，但其实是想传递一个信号：虽然向往的表现形式千变万化，但底层诉求从未改变。<u>人们的底层向往永远有两个：永恒、利他。</u>

我听过一次分享，分享者曾在国家航天局工作，参与了嫦娥四号任务，我们叫她"月亮姐姐"。她告诉我们，嫦娥四号登月之所以震惊国际，是因为在月球背面登陆这件事实在太难，不仅通信难、找落点难……还有各种你想不到的难点和障碍……而最后，我们做到了其他国家都还未能做到的事，首次实现了航天器登陆月球背面的壮举。

在分享的最后，她给大家看了一张照片，是航天器在月球背面留下的几处看上去不起眼的痕迹（见图 6-2）。

图 6-2　航天器在月球背面留下的痕迹

她说：这几处痕迹意味着什么？意味着百万年后，可能人类都已经灭亡了……随后造访月球的高智慧生命物种，会对着这几处遗迹面面相觑。而今天，生活在地球的我们知道，这些遗迹的主人，是在座的我们。

那一刻，我屏住呼吸，世界好像静止了，感觉有一束光打在了我身上。航天器登月、月球车着陆，这些都是非常具体的事，而此刻，被"月亮姐姐"赋予了伟大的、穿越生命周期的意义。

为什么听众会被"月亮姐姐"这段话打动？因为她击中了我们对"永恒"的向往。类似对永恒的向往，也体现在了特斯拉的口号里："加速世界向可持续能源的转变。"还有一种向往是"利他"，是在唤醒对美好关系的追求，例如某智能电视的广告语是："工作很忙，为家里的老人和孩子，买一台听得懂话的电视。"

<u>"赋予意义"，就是唤醒听众心底向往的情绪，帮他们看到穿越时间、利及旁人的价值。</u>

3. 宏大的意义最后说

辩论圈有句俗语，叫"上价值"。为什么要说"上"呢？因为只有先将内容表达清楚、打好基础，宏大的意义才会更有张力。那为什么不一开始就"上价值"呢？原因很简单，如果开场就直接进入意义，这样的表达太虚。

关于演讲打磨，也有一句俗语，叫作"小切口，大逻辑"。今天的我再看这六个字，发现这也是在处理表达中"虚实"之间的关系。什么是"小切口"？小切口就是要在表达的一开始就找到足够小、足够具体的反常点。"大逻辑"呢？就是通过这个很小的反常点，让听众看到背后更大的意义。先说实实在在的人和事，宏大的意义才有展现的价值。

试想一下，如果你观看一场大型演讲，演讲者一登台就跟大家说：大家好，新的一年要怎么办？我给你一个建议，那就是——要真诚！你有什么感觉？退票、换台、取消关注……为什么会这样？因为在一次表达的开头，最怕务"虚"。越是大型演讲，开场就越要具体：一个具体的故事，或者一个具体的问题，更能抓住听众，引人入胜。

同样，在演讲的最后环节，也要用赋予意义的方式，推动情绪。

如果在演讲开头听到这么一句：没有任何道路可以通向真诚，真诚本身就是道路。是不是感觉挺虚的？但把这句话放在最后呢？情绪被瞬间推至顶点，真的特别震撼！想要赋予的意义更有张力，需要将某些语句放在表达的最后环节，用来拔高价值、升华情绪。

你发现了吗？在这一章里，我想努力让你看到：好的表达，一定是虚实兼备的。不光要把虚的感受说实，还要学着把实的事情说虚。

还有什么方法，可以帮我们实现虚实之间的变换呢？直接发出一个指令，种下心锚。

> **马上就练**

你有没有想过，有一种特殊情况：在你的表达中，或许"意义"本身就是你想呈现的 Why。而我们之前提到过，Why 要放在最前面。那么问题来了，当意义就是这场表达的 Why 时，我们要怎么设计这个演讲呢？

有一位朋友，分享过他开餐厅的心得。别人开餐厅，都是赶快培训服务员、开发菜品，而这位朋友最先做的事却是建造中央厨房。

如果你不是餐饮行业的创业者，听分享开餐厅的话题可能兴味索然，可如果他告诉你：今天我分享的，其实是怎么通过流程标准化，快速启动一门生意。

你会不会突然提起几分精神？他做的调整，其实就是用"赋予意义"的方式，把话题做了抽象化，找到了跟听众相通的 Why。

在向外行介绍你的专业话题时，用赋予意义的方式把你做的事抽象化，是非常重要的表达思路。

你有需要跟外行沟通的表达场景吗？你打算怎么做？

种下心锚：为即将到来的改变，念一句"咒语"

心锚，就是改变人心的力量，
也是从理性到感性的里程碑。

把握表达的"虚"与"实"，不断糅合"真实具体"，并"赋予意义"，让听众留下深刻的印象。一次成功的表达不但要打造记忆点，而且要引导和号召行动。"人最大的痛苦，就是无法跨越知道和做到的鸿沟。"为什么有些人能达到"知行合一"的至高境界？那些商业领袖、团队负责人是怎么做到，进而影响更多人的呢？

他们会为期待的行动和改变，先抛下一个"心锚"。

什么是心锚

有位 CEO 脾气特别暴躁，在公司独断专行，每次听到跟自己不一样的观点就立刻反驳，久而久之员工再也不愿意提建议，公司也因此越来越封闭。他也发现这样不行，总劝自己待人客气点儿，可情绪一上头还是做不到，怎么办？

他的转变，源自植入了一个念头——只要听到反对声音，如"我有不同观点""你说的不对""好像不是这样的"，他就逼着自己压抑反驳的冲动，先复述一遍对方的话："你刚才说的，是不是×××意思呢？"

这个"先复述"的念头，就是心锚。当他愿意复述的那一刻，节奏也就慢了下来。复述完他居然发现：哦？这家伙说的有点儿道理！跟我想的差不多！这个细节我还没想得这么全面……在心锚的帮助下，他的脾气慢慢平和了，获得了更多人的帮助。

想要影响一个人的行为，种下心锚是一个特别好用的方法。怎么才能种下心锚呢？这件事说简单也简单，只要三个步骤。

第一步：找到一个情绪点

为什么知易行难，为什么我们会上头、控制不住情绪？因为我们每个人都会受到情绪的支配，理性思考没办法战胜感性和直觉。那怎么办？借助心锚，先想办法打断影响我们行为的"情绪"。

比如，我觉得自己不够包容开放、缺乏创新精神，怎么去改善？不妨先想一想，不够包容开放、缺乏创新精神的人，和特别包容、具备创新精神的人，最大的不同是什么？可能在于他们听到一个陌生想法时不同的本能反应——是担心、畏难，还是兴奋、跃跃欲试？

如果能扭转此时此刻的情绪，是不是就能改变一个人的想法甚至性格呢？找到了这个情绪点，我们就可以进入第二步了。

第二步：植入一个动作

这个动作越具体、越简单越好。比如，一个人担心、畏难时会说什么呢？一定会说"不"——不行、不好、不对……或者"但是""可是"……这都是在本能地表达拒绝、抗拒。要想发生改变，就把"不"变成"是"：不论对方说什么，不论让你多么不高兴，都必须用"是"回应，然后逐步建立共识。

<u>心锚，就是为情绪和动作建立条件反射。</u>我自诩是个爱学习的人，最近几年，印象最深、带给我最大改变的，就是"Yes……And……"（是的……并且……）这个句式。只要一嘀咕，想说"不"，就在心里逼自己改成"是"。久而久之，人一定会越来越开放、包容、接纳，打开跟别人合作的可能性……

但为什么我们知道，却做不到？就是因为后天的理性，绕不过本能的感性。情绪一上头，管你包不包容？先反驳了再说；冷静下来，又觉得自己冲动了……包容开放很难，不过说"是"容易；接纳意见很难，不过复述观点容易。把你希望的改变，先放进最小的一句话、一个回答、一个动作里，让心锚帮你强化，并建立条件反射。

第三步：用"只要……就……"的"咒语"，影响更多人

在表达里，怎样建立心锚呢？把观点归纳成"只要……（什么什

么)就……(怎样怎样)",就建立了条件反射,更容易引导别人产生行动。想想那些脍炙人口的广告语:"怕上火喝王老吉",是"只要……就……";"困了、累了,喝红牛",也是"只要……就……";还有"收礼只收脑白金",同样也是"只要……就……"。

如果你跟我说"欢迎加入会员俱乐部,尊享更多权益",我可能毫无感觉。但如果你告诉我"只要你每周喝一杯咖啡,办会员就是划算的",我会不假思索马上就掏钱办了。

怎样让观点影响更多人?把行动号召用"只要……就……"的句式讲出来吧!比如在这本书里,也有很多类似的设计:只要你希望表达观点,就要讲述一段经历;只要你希望改变对方的行动,就要找到反常的情绪……

心锚,就是改变人心的力量,也是从理性到感性的里程碑。打断情绪,就能建立心锚,用条件反射,迈出改变最关键的第一步。

马上就练

表达的最终目的,是获得"支持型行为",而心锚,是行动的临门一脚。

在写这本书的时候,我也悄悄帮你种下了很多心锚,就是希望你能把读到的方法,更大概率地转化成行动。比如:

只要你想说服别人接受你的观点,就要先展示一个独特的洞察;

只要你想成交,就要向客户问出3个关键问题;

只要你想用故事传递一个观点，就要找到事实、感受、评价……

还有这个小节本身：只要你想让别人更大概率地产生行动，就要先种下一个心锚……所以，请你也试试吧，把你希望影响听众的观点，放进"只要……就……"的句式里。

凝聚共识：让使命、愿景、价值观，触手可及

使命、愿景、价值观，
能帮你最快找到对的伙伴、对的客户。

使命、愿景、价值观，这些大师们常念叨的词，跟普通人有关系吗？不论你是大师还是普通人，都必须学着用好这三个词，展现自己，团结更多人。

我认识很多创始人，在公司成立之初，规模只有几个人到十几个人时，他们都是负责核心业务的，至于管理？没有什么是一顿烧烤解决不了的，实在不行就再吃顿火锅。可随着公司继续发展，几十人、几百人……创始人的工作重心就变了，他们要投入更多的精力去负责人事、文化工作。

人的精力有限，能管理的人数也有限。人数激增，创始人会发现团队越来越难凝聚。这时，要怎样统一方向、统一思想呢？讲好使命、愿景、价值观。

很多人认为，这不就是三句高高在上的口号吗！可我们谁又会被机械式的口号激励呢？能够凝聚人心的使命、愿景、价值观，绝不是

又大又空的口号，而是群体的行动共识：<u>使命是动机的共识、愿景是未来的共识、价值观是选择的共识</u>。

（1）使命是动机，是你为什么而出发。雷军说：小米要造车了！对外对内宣布一个计划时，要展现你的动机，也就是"使命"。造车是为了圈钱抬高股价还是带给顾客好的产品？如果是前者，我失陪；是后者，我挺你！如果未来我考虑购买一辆电动汽车，影响我做出这个判断的，不是产品参数，也不是价格，而是公司行动的动机，也就是"使命"。

在商业世界里，如果一家公司、一位创始人讲不好自己的"使命"，意味着拱手让出解释权。

（2）愿景是未来，是你要去向哪里。讲不好愿景，就没法团结一群人去成一件大事。愿景，是一幅未来的画卷，是商业组织的想象共同体。上一章提到过《人类简史》关于愿景的描述，远古时代，有想象力的原始人会说：森林里有仙女！信了这句话的原始人，才会聚在一起展开协作，踏上探索未知的旅途；也只有相信了这个故事的原始人，才能团结起来对抗危险，一代代生存繁衍下去。同理，在现代商业世界中，也是先有共同的想象，才有公司。

你肯定憧憬过未来，也被它激励过，即便这个愿景尚未实现，对未来的共同想象也会让一群人心潮澎湃。讲好愿景，才能点燃激情。

（3）价值观是选择，是群体不约而同的行动。价值观算是一种约定。很多时候，价值观没有对错，它不是法律，更像是一种选择。就好比：

在当下阶段，公司是要优先商业盈利，还是优先保证用户体验？

这两个选择都没错，但有些公司坚持选择后者，把艰难留给自己。

是恪守用户隐私底线，还是允许灵活变通——比如解锁犯罪嫌疑人的手机，帮警方破案？都有道理，可苹果坚定地选择了前者，不惜跟美国政府叫板，让用户相信他们对隐私保护的决心。价值观是一个组织的最高行为准则，组织里的人会根据价值观，自发地做出有利于长期价值的决定。

动机、未来、选择，距离我们并不远。那怎样才能讲好使命、愿景、价值观呢？下文将给出一些非常好用的建议。

1. 讲一个展现使命的"商业洞察"

使命，是一家公司为什么出发。功利点说，出发点的背后，一定有别人还没能解决的难题，有别人还没看到的价值增量。

一个好朋友，也是我的客户，他公司的主要业务是为传统企业做短视频流量赋能，喊出的使命是"用知识驱动增长"。听到这句话的那一刻，我不禁拍腿称赞。因为今天越来越多的企业，就是在靠"输出知识"，获得新的增长。

我曾在证券公司工作过 10 年，如果时间倒退回那 10 年之前，是没人相信可以通过知识、教育……实现公司大幅增长的。那时的增长是靠扩网点、投广告、业务创新……可今天，很多公司的获客方式，就是在内容平台上输出金融财经观点，吸引用户进入私域，再进一步运营转化。这不就是"用知识驱动增长"吗。

一个更有价值的"使命"，是还"没完全达成共识"的观点，因为你看到了这个趋势，相信它的价值，所以你出发了。也正因为它不是普遍共识，所以必须讲一个故事来传递价值，展现这个洞察。顺便一提，一个好的公司使命，需要随着外部机会的变化，不断做出更新和调整。

20 世纪 90 年代，海尔提出"真诚到永远"，那时的海尔流传着很多传奇故事，比如为了唤醒民众的质量意识，赢得了广泛美誉的海尔集团创始人张瑞敏怒砸一批不合格的冰箱。

今天的海尔，依然保留着真诚的基因，但这句"真诚到永远"已经不是公司喊出的"使命"了。感兴趣的话你可以去海尔的官网看看，它的公司文化经历了哪四个时代的演化。

2. 用公司愿景，做一份公司介绍

一家公司的愿景，不是埋在心底用来默默努力的，而是展示在公众面前用来获取关键资源的。如果你希望找到志同道合的合作伙伴，希望别人更精准、更高效地和你开展协作，不妨试试用愿景，来做一份公司介绍。

我们回忆一下，最常见的公司介绍长什么样子？一般包括公司业务、成立时间、发展历程、组织架构、核心资质……

这些放在官网上就好了，跟客户第一次见面介绍公司时应该更生动一些。举个例子，小米的愿景是"让每个人都能享受科技的乐趣"。小米的公司介绍可以围绕这句话做展开：我们怎样界定"科技"；怎样的设计理念，才能让用户"享受乐趣"；如何做到覆盖"每个人"——产品定位、渠道覆盖……

这样从"愿景"出发的公司介绍，自带疑问和好奇，可能要比传

统介绍方式生动很多。听众会借愿景产生画面感，自然地融入更多感性要素，加深对这家公司的印象。

3. 把价值观放进对比、写进流程

还是那句话——价值观没有对错，价值观的存在，是为了引导组织内更多人的行为。

一个好的价值观，它的反面很有可能也是一个好的价值观。比如"坚韧"提倡死磕，反面是"机变"，也是好的组织行为主张；再比如"小步快跑，快速迭代"，这是互联网公司的主流工作方式，有没有公司不提倡呢？有。"一次把事情做好"，这句话出现在大亚湾核电站很多显眼的位置。

讲好价值观的关键，是讲好对比，说明白为什么我们会做这样的倡议。

为了价值观能落地，最好还能把价值观变成工作制度、流程、方法。比如，为什么一道生产工序，行业要求过滤3道，而有的企业规定必须过滤5道？"5道"的背后，体现出的正是一种价值观——严谨认真、精益求精。把价值观放进流程里，形成做事的标准、可操作的细节。特别是面对基层，可以讲价值观，但更重要的是把价值观变成制度和标准。

最后，使命、愿景、价值观，能帮你最快找到对的伙伴、对的客户，从而与竞争者拉开距离。你的动机、未来、选择，不光要对内讲，还要对外讲，而且要反复讲，让故事流传出去。因为用户选择的不只是产品，更是他们自己的信念。

> **马上就练**

在诸多商业演讲中,最难讲好的,可能就是一家公司的战略转型宣讲。因为打破惯性,意味着必须直面否定和质疑。试试用好这三个关键词——初心、信心、决心。

- 初心

不只是"宣布"战略,更重要的是说明"为什么做"。应极力避免让外界觉得"你变了",要不断强调使命感、初心未改。

- 信心

面对没法避免的质疑声,怎么回应?在重大选择面前,越理性,就越瞻前顾后;而感性,才是一往无前的动力。千万别一条条地做理性分析,不需要完美论述可行性,而是需要展现信心:上下一心,同欲者胜。

- 决心

怎么呼朋引伴,获得更多支持?必须展现决心。最好有一个举足轻重的人站出来,用他的信用资产、人格魅力做担保,拍胸脯、立军令状。

如果你需要向外界宣布接下来的战略方向,不妨试试这三个关键词。

【案例分析】把未知变成已知，需要统一的度量衡

> 把未知变成已知的三种方法：
> 数据类比、坐标类比、价值类比。

想要帮助听众降低认知成本，实现虚实之间的切换，还有一个百试不爽的方法：类比。所谓类比，就是找到事物之间的关联，用已知的事物把未知的事物描述出来。为什么这么做呢？因为大脑在接收信息时，会本能地将新摄入的信息与已知信息进行关联，如果能关联成功，这个新信息被记住、被理解的概率就会大幅提升。

举个例子，如果现在我要向你介绍一款驾校 O2O app，恐怕说破嘴皮你也记不住它的几个功能。可如果我告诉你：这个 app 就是驾考领域的"大众点评"，你肯定立刻就懂了。不用我再解释，你也会猜到，这个 app 可以找地址、比价格、查电话、写点评、看评价……可能还有团购优惠。

这就是最典型的把"虚"变成"实"的类比，在生活中比比皆是。虚无缥缈的轮廓，通过类比，一下就能在听众心中清晰起来。

1. 数据类比，把观点和感受变"实"

我们在"真实具体"这一节，用 600 米涵洞的例子，提到了一个观点：要把所有数字都当成"虚"来对待。怎么才能让听众实实在在地接受呢？其实最好的方法，就是用类比：在地面上走 5 分钟的路程，在涵洞里走了整整两小时。

再来举几个例子，比如一款天气 app 预告称：明天的 PM2.5 值是

205.91 微克/立方米，这个数字是高还是低呢？你可能对这个数字没有任何概念，但如果我告诉你，世界卫生组织给出的安全值是 10 微克/立方米，也就是说世界卫生组织认为，空气里的 PM2.5 浓度超过了这个数字，就会对人体产生伤害。这样对比起来，你是不是瞬间觉得 205.91 这个数据变得非常可怕？为什么感受会突然变化？因为你将这个数字与已知的标准建立了关联。

<u>类比，是把数据拉回到我们日常生活中可以接触到的尺度，在此基础上，使听众产生共同的感受</u>。在很多阐述观点的场合，都可以用数据的类比来加深印象。

苹果在 2008 年发布了第一代 Macbook Air，这是当时世界上最轻薄的笔记本电脑。如果乔布斯在发布会上和听众说详细的参数，告诉大家这款电脑几厘米厚，有多重，大家能记住吗？恐怕很难。当时，乔布斯并未停留在参数介绍这个乏味的环节，取而代之的是展示了一张图（见图 6-3）。

图 6-3　苹果发布会现场展示图

他用这张图告诉听众：Macbook Air 最厚的部位，比当时世界上公认最薄的笔记本电脑中最薄的部位,还要薄。听上去有点像绕口令,但这张图一出现,所有听众都激动得坐不住了。

这还不算什么,接下来,乔布斯直接在现场拿出一个牛皮纸袋,在听众的尖叫声中把这款电脑从牛皮纸袋里抽了出来(见图6-4),这一幕也成了苹果发布会上最经典的一幕。

图6-4 苹果发布会现场

乔布斯其实也是在用类比的方式给听众带来强烈的震撼感。不论是与竞品比较,还是从牛皮纸袋中抽出Macbook Air,都是在帮助听众将陌生的事物与心中已有的信息建立关联和对比。

2. 坐标类比,找到改变世界的锚点

有一个影响人心的效应——<u>锚定效应,就是通过建立一个参照系,借助类比改变人们对某个事物的印象</u>。

为什么我们在星巴克买咖啡时,面对中杯、大杯、超大杯的选择,大多数人都喜欢选中间一档?为什么两部手机供你选择,一部1000元,一部2000元,你本能地倾向于购买1000元的那款。但这时,如果再加一部5000元的手机,你又会立刻觉得2000元的手机特

别顺眼？

因为人们在面对不了解的事物时，会在潜意识里做出"相对安全"的选择，这个选择很大程度上会受参照系影响。有人说，掌控锚点的人，就掌握了这个世界。因为参照系控制着你的预期，影响着你的选择。

我看过很多场发布会，在宣布价格这件事儿上，各大公司堪称刀法精准，简直把锚定玩到了极致。我最佩服的当属乔布斯，他在公布第一代 iPhone 价格时，用了一个策略来彰显苹果产品的极致性价比（见图 6-5）。

图 6-5 苹果发布会现场展示图

他说，数字随身听 iPod 加一部主流智能手机的价格，是 499 美元，而 iPhone，除了包含这两者的功能，还多出了这么多功能，我们要在 499 美元的基础上加价多少呢？最后乔布斯说，我们一分钱都不加，iPhone 的定价就是 499 美元！

现场的听众先是尖叫，然后忍不住开始鼓掌。细想之下，这种定价逻辑并不合理，但不得不说乔布斯用的确是为全新产品定价的最好策略，让售价显得合理之余，还让听众感受到了小惊喜。

说完乔布斯，我们来聊聊另一位——雷军。在公布小米的售价时，雷军也创造了很多经典的名场面。

在近年来让我印象深刻的一次发布会上，雷军列出了智能手机评测网站DXOMARK的评分表单（见图6-6）。在这份表单中，我们发现与小米新款手机拍照性能相近的产品，售价都在5000元以上，而小米的这款手机，售价"仅"2799元起。如果跟小米过往的产品相比，2799元看上去没有什么优势，甚至还偏贵些。可换了一个参照系之后，雷军就找到了更有利的锚点。

图6-6　小米发布会现场展示图

在这个部分，建议结合之前提到的"成为第一"一起阅读，想想怎么建立一个参照系，让自己的表达更有利。

3. 价值类比，看见那些看不见的东西

经济学家薛兆丰老师常把一句话挂在嘴边，我们要"看见那些看

不见的东西"。一个面包，用塑料袋包装起来，看得见的是塑料带来的白色污染，但我们同时也要看到，塑料袋为面包带来了更长的保鲜期。

表达观点时，不被理解是常态。而我们要把自己知道的信息，变成对方能感知的价值，帮听众"算总账"。

我有一个朋友，他在上海做一个创业项目，面向奶茶店推广奶茶加工机。他测算过，比起传统的奶茶加工方法，一台机器的出品效率能抵两个奶茶店店员。很显然，这台机器可以为奶茶店老板节约人力成本。在上海，人力成本其实挺高的，一个奶茶店店员一个月的用工成本大概是 8000 元，这么一算，一台机器一个月就能节约 16 000 元。

如果你是我的这位朋友，接下来想让奶茶店老板采购这种设备，光展示节省的人力成本够不够呢？不够，我们要继续算总账。除了人力成本外，这台加工机还会为奶茶店带来什么样的便利呢？奶茶店店员少了，那管理者是否也可以精减。打个比方，以前一个城市需要 50 个人巡视，但有了这种机器以后，可能 20 个人巡视就够了。

此外，还可节约很多隐性管理成本，选、育、用、留……都省了，连带着场地成本都能降低不少。将这种机器带来的价值，全部放到金钱、时间这两个维度下，算一笔总账，这样一来，更容易打动奶茶店老板，让他觉得这种机器物超所值。

为什么要放到金钱、时间这两个维度下呢？因为所有人都会本能地对金钱和时间有感觉。所以，<u>将产品价值转换成节约的金钱和时间，这就是价值转换的基本思路</u>。

不同行业，对不同的价值有着不一样的认可度，例如零售行业，往往看重坪效；教育行业，考查的是升学率；我原本投身的证券行业呢？往往会提到资金周转率、投资回报率（ROI）……

讲完由"虚"变"实"，我们再来聊一个把"实"变"虚"、赋予意义的例子。3年前，我的一位朋友想推出一款机器臂，这款机械臂可以完美复刻世界顶级咖啡大师的手法，不知疲倦地制作精品手摇咖啡。当时，她要去为这个产品找投资。

借鉴"算总账"的价值转换思路，我们当然也能算出一个数字。可我的这位朋友面对的不是店铺老板，而是投资人。这两个对象有什么不同呢？在我看来，面对店铺老板，要着眼当下，务实是一个好方法；而面对投资人，要展望未来，最好能在最后务一务"虚"，为这款产品赋予意义。

我建议她这么说：想必各位都感受到了咖啡在中国市场的强势崛起，可在高端精品咖啡领域，还没出现领军者。其中，既有消费者习惯养成的原因，也有人力成本和出品稳定性的因素。在北京，一名咖啡大师的人力成本是2万元/月，更重要的是，符合要求的咖啡师并不多。

所以你看到的这款机械臂，不只是节约人力的机器，更是未来可能在高端精品咖啡领域占据一席之地的商业模式载体。在我们面前展开的，可能是十几亿元规模的蓝海市场。听到这里，着眼于未来的投资人们，注意力自然会被牢牢吸引住。

4. 感受类比，提前建立生命体验

你可能听过这样的一句鸡汤："人啊，该走的弯路一步都不能少。"

不知道你怎么想，我对这句话是不太认同的。如果所有的坑都要亲自踩一遍，那人生也太苦了。很多高手，能帮没踩过坑的小白提前感受情绪氛围，因为前者都非常擅长使用感受类比。

我也尝试帮别人建立过感受类比。有一次，我去帮一群小朋友提升思考和表达能力，跟他们分享关于格局的话题。这是一群不超过十四岁的孩子，对他们讲包容、讲境界，是非常有难度的。当你面对认知、经历都跟你有很大差异的听众时，会发现有些话不知该从何说起。

感受类比，最重要的是用听众能接触到和感知到的事物，描述一个新的观点。我说：

你在玩一款游戏，已经升到了 99 级，还差一点就满级了。这时你路过了新手村，居然被一只小怪攻击了。你会追上去把这只小怪解决掉吗？

很多小朋友说不会，因为不痛不痒，省下时间去能升级的关卡才是最紧要的。于是，我接着说：

很多时候我们跟别人起冲突，我们会生气、会委屈，这是本能，也是因为我们还不够强大。如果你知道有更重要的事，就会觉得当下受到攻击、遇到挫折都是无所谓的。

"你认为什么更重要"，就是你的"格局"，因为你看到了更大的世界，就不会在乎当前的小小得失。

讲完这个例子，很多小朋友突然就懂了，原谅、不争、宽容……

未必是软弱，他们对格局多了一分感悟。那些能把大道理说进我们心坎里的人，一定都善用感受类比，能提前帮他人建立生命体验，这是非常了不起的能力。

关于类比，简单做个总结。

（1）数据类比：把听众无法理解的观点，变得真实具体。

（2）坐标类比：找到对你最有利的参照系，用锚点影响听众。

（3）价值类比：用听众喜欢的方式，帮他们算一笔以前看不到的总账。

（4）感受类比：通过共同经历，帮听众提前建立生命体验。

本章小结

还记得我在"故事"这一章里提到过的"事实 - 感受 - 评价"吗？本章其实就是想告诉你，怎样才能讲好一件事的"感受"和"评价"这两个部分。

"虚"和"实"的衡量标准，除了是否真实具体和能否赋予意义之外，还有很多其他的维度。在本章的最后，我再给你一个思考的方向，帮助你判别内容中的"虚"和"实"。

为什么"种草千日，剁手一时"？你心心念念想买一个东西，被种草的时长往往远大于决心剁手的那一刻。

让你冲动的，是一时的"确定性"，但让你念念不忘的，是长久的"优越感"。

优越感，是你喜欢这件商品的理由，它既然能让你念念不忘，肯定是给你带来了与众不同的情绪，这是"虚"；而确定性，就是你去专卖店试用或者看到它正在打折，头脑一热——买！这是"实"。

所有电商带货的套路，都是先提供一浪叠一浪的优越感，最后再提供一点非常笃定的确定性。这样就能击穿心智，让用户疯狂下单。

你有想要推销的产品或方案吗？希望你能在最后的这个有关虚实的套路里，找到一些启发。

虚实结合

真实具体+赋予意义

实

真实具体

遥远的故事　　　　　客观的数字
变成具体的选择　　　　变成具体的对比

主观的感觉
变成具体的画面

↑　　↑　　↑　　↑

数据类比　坐标类比　价值类比　感受类比
关联熟悉和陌生　选择合适的锚点　看到全局算总账　提前建立生命体验

↓　　↓　　↓　　↓

情绪升华
先铺垫到位，再上价值

群体记忆　　　　　底层向往
特定时代的自豪感　　永恒 / 利他

赋予意义

虚

第三模块

我们要做什么准备

07 传播　**08** 演练　**09** 行动

第三模块
我们要做什么准备

经过找准预期、挖掘故事、结合虚实，对表达这件事，相信你越来越自信了。

这时，我才敢小心翼翼地提出一个扎心的问题：你认为，在一次精心准备的表达结束后，听众能记住多少呢？答案很残酷：在比较乐观的情况下，听众可能也就记得住一句话，甚至只是一个词。

别误会，这不是说表达不精彩，即便是罗振宇，每天早上发 60 秒语音，坚持了整整 10 年，他总该是有影响力的人物了吧？可有好几次，罗振宇偶遇粉丝，粉丝特激动，拉着他直说这些年受他的影响有多大……罗振宇一看对方这么真诚，也挺高兴："你对我的哪个观点印象最深啊？"对方陷入了思考，面露难色："我一时也想不起来，总之，我觉得……都特好！"

一开始罗振宇很郁闷，但类似的事儿见得多了，他也逐渐面对现实了：听众记不住你说的话，才是表达世界里的常态。

不用太悲观，还记得第一模块中反复提及的"情绪"吗？只要我们把事实、道理、目的、动机……都变成情绪，虽然一段时间以后，听众已经记不住你曾经具体说过什么，但是，你带给他的情绪，会深深烙印在他的脑海里。他一想起你，就会回忆起你的专业、执着、坚毅……你的表达目的也就达到了。

记不住罗振宇说过什么，没关系！听众记住了他这个人，记住了他"死磕自己"的人设。你带给听众的情绪，最终都会变成你的"人设"。

"人设"这个词你肯定不陌生。"人设"是外部对一个人的主观评价。更重要的是，"人设"是一个人获取资源的行为模式。虽然有些特质天生就会释放吸引力，让人产生信任和喜爱，但人设是可以通过情绪加以强化的。

接下来，我们将正式开启第三模块：在表达之前，我们要做什么准备？在这个模块里，我会告诉你怎么找金句、找传播点，怎么把信息视觉化，怎么设计互动演练……发现了吗，这些方法其实都在为你的人设服务，因为听众最终能记住的，可能只有你的人设和你曾经带给他的那份情绪。

放松几秒钟，试着回忆你最爱的一部电影……这时，你本能地想到的，是其中的情节还是某个让你或爱或恨的角色呢？带着你的答案，翻开新的一章。

传播

第七章　为一次表达，加入爆款基因

听觉之锤：提起一部电影，你先想起情节还是角色

把人设"锤"进听众脑海。
找到一个印象深刻的词，不断强调，
让它成为我们的"听觉之锤"。

《亮剑》是一部我很喜欢的电视剧，每每想起，主角李云龙骂骂咧咧的钢铁硬汉形象就会马上呈现在我眼前……我猜你可能跟我一样，先想起角色，然后才是情节。

这么一位抗战英雄，怎么我记得最牢的特征，居然是"骂骂咧咧"呢？因为人设是情绪，情节是内容，情绪往往是大于内容的。我跟一位朋友还就此讨论过，他是知名编剧，参与了《古董局中局》《快把我哥带走》等作品。他告诉我，角色给人的印象比情节深刻，是再自然不过的事。写剧本时，也是先设计角色特点，再围绕人设去展开情节的。

换言之，如果你希望你的表达被听众记住，最有效的构思切入点，往往并不是观点和话题，而是你希望传递的人设。可一次表达，有时才几分钟，怎么才能在短时间内传递人设呢？尝试把最想被记住的观点，放进一个词里，听众只要想起这次表达甚至只要想到你，脑海中都会浮现出这个词。

这个词，我管它叫"听觉锤"。

高中英语课本里的一句话我记到了今天，就是马丁·路德·金的"I have a dream"（我有一个梦想）。这句话，让我感受到了他为美国黑人民权运动不懈努力的人设，正是这样一个简单上口又不断循环的"听觉锤"，让马丁·路德·金的那场演讲穿越时空，历久弥新。

设计一个"听觉锤"，重复它、强化它，把背后的人设，深深"锤"进听众脑海。怎样找到像"I have a dream"这么经典的听觉锤呢？有一个很简单又很实用的方法：

第一步：把你想表达的，总结成"只有……才能……"。

第二步：跟在"只有"或"才能"这两个词后面的，都可以设计成听觉锤。

我们多看几个例子，一起找找感觉。

1. 跟在"只有"后面的听觉锤

我听过一个演讲，演讲者是某全球知名连锁酒店的区域经理，这家酒店在短时间内实现了迅猛扩张。他的分享里有一个核心观点：发展迅猛的公司，一定不是小而美，而是大而糙的。

转换成"只有……才能……"句式，即只有大而糙，才能发展快。

现在距离那次演讲已经过去了好几年，但我依然能清晰地想起"大而糙"这个听觉锤。

设计听觉锤，最简单的方法，就是找到"只有……"。特别是在偏理性的沟通场合，这个方法能帮你迅速对听觉锤进行定位。

比如做业务提案，提出：只有考核量化，才能精细管理。我们可以在设计提案时，不断强调并重复"考核量化"，比如考核量化的原因、考核量化的方法、考核量化的行动……就可以用把这个词变成听觉锤，植入到听众脑海中，强化记忆。

2. 跟在"才能"后面的听觉锤

与跟在"只有"后面的听觉锤相比，跟在"才能"后面的听觉锤可以感性得多。"I have a dream"也属于这一类：只有种族平等，才能实现我的"梦想"。

我有一个朋友，她是某大型视频会议系统的销售团队负责人，她的团队连续 5 年销售业绩在公司 500 个团队中排名前三。她的分享，总结成一句话就是：只有拓展外部伙伴、做好万全准备，才能赢得毫不费力。

她提炼的听觉锤，是把"赢得毫不费力"变成了更逗趣的词——"躺赢"。那次分享并不严肃，她全程在调侃。她本以为击退某个对手，就可以"躺赢"了，没想到出现了新状况……接着，又搞定了第二步，总该"躺赢"了吧？结果又出岔子了……她一直在忙碌，也一直在出状况……直至成功。最后，她告诉我们，所有中间环节的努力都没有白费。

5年间,她凭借跟无数外部团队搭建起的共生关系,织就了一张牢不可破的关系网。她的团队在今天真真正正地实现了"躺赢"。

另一个朋友分享的是在国外旅游的故事,她希望表达的观点是:不要辜负善良的人。

她随身的包被抢走了,她大喊"抓小偷",身边有个少年也朝着小偷的方向狂奔……朋友觉得这个少年是和小偷一伙的。十几分钟后,那个少年拿着包回到原地找她,她误认为少年是为了拿着证件再敲她一笔钱……最终在警察的帮助下,她得知真相,这时才注意到少年身上的伤。

她借这段故事,展现的观点是:只有善意,才能不辜负善良。"不辜负善良"也变成了她演讲的听觉锤——"眼睛"。这位朋友的演讲不断描绘并强化的,就是少年那双闪着光的眼睛如何在她的误解之下,蒙上了一层雾,令人动容……

紧跟着"才能"的听觉锤之所以动人,就是因为抓住了表达者最为在意的情绪,借助一个念头("躺赢")和一幅画面("眼睛"),不断重复,贯穿始终。

3. 重复,再重复

为什么重要的话要说三遍?因为在表达中,重复本身就带有极大的情绪力量。

"我这次来鹅城,要做的有三件事:公平,公平,还是公平!"这是电影《让子弹飞》中的一段台词,也是在那个场景下甚至整部电影里的听觉锤。找到听觉锤之后,接下来,要像马丁·路德·金的《我有一个梦想》那样，设计重复。

还记得吗，在"故事"那一章的结尾，我推荐过一个演讲：陈铭的《我来》。一般来说，听觉锤作为一个词，重复3～5次，已经能让听众印象深刻了。可陈铭在那场演讲中，将"我来"这两个字重复了10次。

设计大师黄锡璆说"我来"，用78分钟整理了小汤山医院的图纸；国家电网说"我来"，260多名电力职工不眠不休，24小时连续施工；中国移动、中国电信、中国联通、中国铁塔、中国电子、中国信科……它们说"我来"，用36小时让5G信号全面覆盖；顺丰、中通、申通、韵达、EMS、阿里巴巴物流平台说"我来"，紧急开启绿色通道，免费运输救援物资；办公设备供应商、医疗设备厂商、医务人员……都在第一时间赶来，甚至连工地旁边的加油站都说"我来"，为工人供应泡面和热水，烧坏了6个水壶……

随着简洁有力的"我来"一下一下锤进我的心里，充盈的细节堆积起了不断滚动的强大势能。最后，陈铭说：一丝善念，一份勇气，聚小流以成江海，汇成了一句又一句"我来"……总有人，山高路远，不辞千辛万苦，为你而来。

这种感觉，鼓舞人心，催人奋进。

几年前的我，恨不得让听众记住每一句话……今天的我会认为，演讲者应该帮助听众，把长篇大论变成一个关键词，把观点融入情绪和画面，不断重复，锻造属于自己的"听觉锤"。

> **马上
> 就练**

听觉锤不仅是信息的高度凝练,更是表达者人设的最好注脚。就像这本书,如果你读完后只能记住两个字,我希望是"情绪",因为所有内容都是由情绪引出的。

前面的章节提到过,如果要为表达赋予意义和价值,那么所有内容都会回归利他、永恒……如何更好地传达这些价值观,考验的是内容提炼能力,更是文字感染力。

如果我们找到的"只有……才能……"是"只有不懈努力,才能取得成就",未免也太乏味了。近年来,最打动我的一场演讲是这样定义"只有……才能……"的:"只有坚定使命,才能取得真经。""真经",就是这场演讲的听觉锤,简单、好记、易传播,为旧道理赋予了新解释。

这场演讲是来自知名产品人梁宁老师的《成功不是干出来的,是活出来的》,推荐你看一看,你一定会有意想不到的收获。

金句节奏:不是所有的"名人名言",都叫金句

金句,是送给听众的、
承载着特殊记忆的纪念品。

几年前的一天,我在得到高研院帮助同学打磨演讲。当时,我的

同事马徐骏老师和我说了一个关于金句的故事。

有一年，罗振宇的《时间的朋友》跨年演讲开始后，马徐骏在后台跟内容策划负责人李翔老师聊天。他问李翔：这次的演讲稿是什么时候定的？李翔说，是今天早上才彻底把稿定下来的。马徐骏很惊讶，但也表示理解，毕竟这么长的内容，一个人在台上要讲4小时……李翔说：最难的不是找内容素材，而是找演讲结束时的那个金句。直到今天早上，创作团队才迎来那灵光一现。

跨年演讲结束后，这个金句果真在朋友圈刷屏了：万物皆有裂痕，那是光照进来的地方（见图7-1）。

图7-1 《时间的朋友》跨年演讲现场

后来我还听说，有一年罗振宇准备跨年演讲之初，在一个字儿都还没写的阶段，第一道"开胃菜"就是李翔老师的金句大礼包。先端上一百多个金句，创作团队围坐好，一块儿找灵感。这些金句被删删减减，最终会保留几十个，串起全场4小时的内容。

为什么金句这么重要？因为金句是一次表达的情绪浓缩。就像你去到一个旅游胜地，开了眼界以后，会买的那个纪念品——摆在书架上或办公桌上，每次看到它，都能回想起愉快的旅游时光。

在一次表达中，金句，就是演讲者送给听众的、承载着特殊记忆的纪念品。

"万物皆有裂痕，那是光照进来的地方。"这句话的字面意思跟"是挑战，也是机遇"没什么不同。但对参与那次演讲的听众来说，两者背后的差别可太大了。一个好的金句，能唤醒听众内心特别的情绪，能把一个人对过去的不甘、不舍……和对未来的向往、期许……通通装进去。

如果你想瞬间拔高表达的层次，不妨从今天开始，留意身边那些令人振奋、发人深省的句子吧！找到合适的金句并不难，知乎、豆瓣上都有不少现成的诗词、佳句合集帖。善用手机备忘录，把阅读时涌现的灵感、打动人心的句子……都存进来。

注意，不是每一句"名人名言"，都能为你的表达增色。我把我认为金句应具备的3个特征，分享给你。

1. 反常和冲突

为什么金句会带给你一种恍然大悟的感觉？因为这句话说出了你隐约感觉到的、看破却还没说破的"反常"，在短短的一行字中，展示出了强烈的冲突感。

"万物皆有裂痕，那是光照进来的地方"，表明裂痕不是成功的阻碍，而是我们的机会；"剑未佩妥，出门已是江湖"，你以为还有空能准备准备吗？谁知道一出门，挑战就扑面而来；"听过很多道理，依然过不好这一生"，道出了我们每个人的不甘。

这类金句都包含颠覆认知的意味，句式也非常典型，很容易找到

"不是……而是……"。再举几个例子感受一下：

梁宁："合理的部分是理性，不合理的部分是人性。"

唐毅："你在朋友圈里又佛又丧，你在收藏夹里积极向上。"

泰森："每个人都有一个计划，直到被一拳打到脸上。"

丘吉尔："这不是结束，甚至不是结束的开始，只是开始的结束。"

2. 呼唤行动

好的金句，除了让人恍然大悟，还会让人产生跃跃欲试的冲动。小米创始人雷军曾在产品发布会中用金句呼唤行动，这两句话火到"出圈"，你一定也听过。第一句是"愿你出走半生，归来仍是少年"，说的是不要忘记初心；第二句更直接，是"生死看淡，不服就干"，哪有那么多畏惧和迟疑，先上场就对了！

作为听众的你，是否也会被这两句话打动，也想和雷军一样，成为那个永不放弃、无所畏惧的少年呢？

那什么样的句子不适合做金句呢？没有答案的问句，纯粹抒怀的句子，传递不确定情绪的句子，这几类都不适合作为金句。

"草在结它的种子，风在摇它的叶子。我们站着，不说话，就十分美好。"顾城的这两句诗，如果放进你的故事，是多有意境的一个画面啊，但抒怀的好句子并不等于是表达里的金句。因为抒怀只是在表达自己的情绪状态、和自己对话；而金句，意在呼唤他人行动，最好可以冲对方喊话。

如果一句话只是反映了表达者自己的感受，而另一句直奔你的内心而来，你会被哪句话打动，愿意以此来勉励自己，并与他人分享呢？

类似不适合做金句的句子还有：

加缪："我知道在这个世界上我无处容身，只是，你凭什么审判我的灵魂？"

《摆渡人》："如果命运是一条孤独的河流，谁会是你灵魂的摆渡人？"

我们说过金句是纪念品，而上面两句灵魂拷问，更适合做拉开大幕的那个报幕员，确立基调、引发好奇。

3. 适当的重复

前文我们讲到"听觉锤"时，提到过一种方法：重复，甚至是洗脑般的重复。很多金句也运用了重复的手法，只是相对听觉锤这一略显霸道的表达方式而言，金句更多时候是运用排比、回环的方式来打造的：

罗振宇："没有任何道路可以通往真诚，真诚本身就是道路。"

罗斯福："我们唯一需要恐惧的，就是恐惧本身。"

木心："岁月不饶人，我亦未曾饶过岁月。"

需要提醒的是，金句和听觉锤的关系，它俩在分工上多少有些区别。听觉锤调用的是听觉思维，讨好的是听众的耳朵。听觉锤会潜移默化影响听众，直到被他们记住。所以听觉锤越简洁，往往越有效。

而金句呢？未必需要被记住，而是要让听众"被击中"，金句讨好的是听众的眼睛，当金句出现的那一瞬间，大家觉得很震撼，会想着掏出手机发朋友圈。金句最触动听众的时刻，就是它被展示出来的那一刻。

所以，千万记得要把金句呈现在 PPT 里，让一个个金句作为一场演讲的纪念品，被听众留存下来，然后带走。

马上就练

看完本小节，相信你起标题的能力应该也提高了，很多时候金句可以直接拿来做主标题。那副标题呢？可以试试用你这次表达的 Why，比如：愿你出走半生，归来仍是少年。

生活中，还能看到一种特别的句子，叫顺口溜，例如"饭后百步走，活到九十九"。如果非要给它归个类，你觉得这算是听觉锤还是金句呢？

大文豪伏尔泰说过：把蠢话唱出来，感觉就不一样了。顺口溜就是因为口语化和场景化，天生自带容易被接受的属性。顺口溜还具有强行标准化的特点，给出了衡量准绳。例如上面这句话里的"百步""九十九"。为什么是活到九十九，而不是八十九？没有人真的去质疑。

再来做个有意思的对比，思考一下"困了、累了，喝红牛""你的能量，超出你的想象"，哪个更像是听觉锤，哪个更像是金句？你发现两者的优势和劣势了吗？

二次传播：爆款的背后，是将传播变成了解决方案

让"传播"本身，
成为问题的解决方案。

为什么你会愿意动动手指，为一篇公众号文章贡献你的一次转发，完成一次传播？你愿意成为"自来水"，是因为意识到这个传播动作，比你亲自把文章观点说出来效果更好。

表达，是为了"解决听众心中的问题"，而<u>高传播力的表达，是让听众借助"传播"动作，去解决他们的问题，自发成为传播者</u>。那我们能不能在表达里设计一些环节，来强化听众传播的动机呢？听众会为替自己发声的人传播，会为认可自己的人传播，会为自己做不到的事传播。

1. 树立人设：听众会为替自己发声的人传播

引发传播最好用的方法，就是帮听众立一个人设，站在听众的立场上替他发声。

2020年五四青年节前夕，B站发布了演讲视频《后浪》（见图7-2）。演员何冰代表老一辈"前浪"，向新一代"后浪"喊话，深情款款：

图7-2 《后浪》宣传片

你所热爱的，就是你的生活。你们有幸，遇见这样的时代，但是时代更有幸，遇见这样的你们。我看着你们，满怀敬意。

《后浪》在朋友圈引发了"刷屏"，中年人倍受感动，因为它说出了中年人想说却没有说或想说也说不了那么好的话。他们只要把视频发到朋友圈，就能昭告天下：我不是陈旧的"前浪"，我是理解年轻人的。

关于说出人们想说的、帮他们立人设，我们可以怎么做呢？试着在表达中加入价值主张。基于某种价值观，为内容注入情绪。

我们兜售的不是方案和产品，而是一种身份和理念。同样是开手机发布会，背后的价值主张决定了谁会认可你，乔布斯是在试图改变世界，雷军是在无条件对用户好，罗永浩是在强调自己的不妥协。

2. 表达认同：听众会为认可自己的人传播

试着想象这样的场景：你跟一个同事正在就一个方案激烈地讨论，谁也说服不了谁，这时来了另一位"大牛"同事，把票投给了你。

这时，你是不是恨不得把"大牛"的认可做成奖章挂在胸前？

可是，只要一个人被夸赞了，就一定意味着他愿意为夸赞他的人传播吗？让一个人自愿去转发别人的认可，有三个条件，缺一不可：

- 他是被质疑的，因为顺风时不需要别人的帮忙
- 认可他的人，也要业务能力过硬，他不需要"菜鸟"的加持
- 认可他的人要动机单纯、立场中立，至少看上去不是在拉偏架

怎么找到愿意为我们传播的人？首先，试着找到不被广泛认可的群体，通过强化自己身份的合理性与他们共情，有理有据有节地对他们展开一轮又一轮的夸赞。

在我看来，近几年里通过身份认同引发传播的最典型的案例，是罗振宇演讲中的这句话（见图7-3），你仔细品一品。

图7-3 《时间的朋友》跨年演讲现场

保险从业者是不是面对着广泛的争议？罗振宇站出来喊话，他的中立和权威引发了保险人的共鸣，让这句话得到广泛传播。

3. 无能为力：听众会为自己做不到的事传播

前两个是借"人"去促成传播的，第三个引发传播的关键点则是"事"。

为什么好多人会转发锦鲤？很简单，因为在无能为力的情绪面前，"转发"就算不能真的带来好运，至少能调侃调侃、抒发自己的感受，缓解内心的焦虑。

为什么人们会为自己无能为力的事传播？因为只有通过传播寄希望于被能解决问题的人看到，才能让自己重获掌控感。

重要的事再说一遍，对我们而言：要让对方从"传播"这个动作中获得"掌控感"。

还记得 2019 年奔驰女车主维权事件吗？为什么事件热度会持续居高不下、引发好几波超大规模的传播？除了事情本身令人气愤到离谱之外，所有参与传播的人，心底可能还有这样一个念头：

通过我的传播向不良商家施压，市场规范以后，自己遇到类似事情的概率就小了。

很多环境保护纪录片也是如此，一个人的力量终究有限，付出的努力杯水车薪。可如果传播的人多了，让更多人意识到环保的重要性，就能推动大家一起行动。

看似只是动动手指，完成了一次转发，但实际上，这些传播成了我们面对无能为力时的情绪出口：抵制不良商业行为，呼吁人们保护环境。

想要用无能为力引发大众传播，试着为表达凑齐 3 个关键要素：

- 强相关，这件事很可能发生在大家身上
- 这件事一个人解决不了，要靠一群人才行
- 解决这个问题，需要更多人参与，来打破信息不对称

用一次表达引爆全网有点难，但我们至少可以主动把传播的理由告诉听众。雷军在发布会上推出了价廉质优的摄像手机，当他公布产品售价时，说了这么一段话：

希望米粉们继续支持小米，拍个照告诉你们的朋友。否则，以后

DXOMARK 排行榜前五的手机，都会卖到五六千元以上（见图 6-6）。

言外之意是，如果你没有行动，没有让更多人知道这款手机，以后可能就再也买不到这样物美价廉的产品了！这样一来，米粉们的立刻下单和广而告之，并不是在为小米背书，而是借助"传播"这个动作，完成了他们自己的愿望，是为自己的诉求发声。

怎么找到传播点？先要找到需要"被关心"的那群人，即传播者；找到需要"被关注"的那件事，即热点机会。然后，思考公众关心的不对称信息到底是什么。

在找到传播者和捕捉热点机会方面，下文提供一些启发。

1. 找到多个小众群体的"负面情绪"

很多人会认为，传播要击中"广大群体"，其实未必。《流浪地球》一度霸屏，看似是大众娱乐话题，其实背后的推动力是科幻圈、国产电影圈、理想主义者……这是好多小众圈子的精神胜利。

只要找到多个典型的小众群体，最好这群人的声量还特别大，传播就成功了一多半，例如倡导独立自主的女性群体等。最好背后的情绪是"负面"的，因为负面情绪被压抑许久，更容易引发共鸣，形成传播。

2. 找到大众群体的"失控感"

典型的，比如那些普通人都无能为力的大事：贸易摩擦、疫情……只要大众体会到了失控感，背后就有传播的机会。

最后提醒：小众群体的负面情绪，如果恰巧能叠加上大众群体的失控感，可能就踩准了超级爆款的流量算法。

> **马上就练**

为什么父母总给我们转发一些养生类文章？因为他们既是小众群体，又逐渐体会到大众群体都有的对子女的失控感。

带着关于"负面情绪"和"失控感"的思考，想一想你的行业和公司，有没有传播的计划和机会吧！

成交演讲：销售转化的关键，是放大信任、升级需求

打动人心的最高境界，
是通过演讲获得实实在在的订单和销售转化。

现场成交，几乎是所有大型活动的撒手锏。如果你还没经历过大型会销、订货会……可能很难想象，一场300人的活动，在会场现场就能升单，再多成交几百万元。

怎么在一场大型活动中做好成交？怎么为大型会议设计能带来销售转化的演讲？这绝对是离钱最近的话题。

做好成交可不是锦上添花，而是一条生路，决定着一个产品乃至一家公司的命运。尤其是后疫情时代，人们的消费越来越谨慎，需求

在收缩，做好成交就是在跟市场抢时间。

一场能促进销售的演讲，必须讲好这四个部分：利益、人群、方法和产品。

1. 建立利益

很多人对会销有误解，认为是威逼利诱。当然，在我看来肯定不是。所有高净值产品的成交，都必须建立在"升单"的基础之上。

以知识产品为例：9.9元，交个朋友，获得跟用户打交道的可能；199元，感受内容体系、案例和获得背书；上千元的线下课，可考察服务交付，还有团队协调能力；然后升到上万元的内训，确认你有能力解决个性化难题的；最后才会合作几十万元、上百万元的全案……

而一场会销，最重要的是不断地做两件事：升级用户需求、升级用户信任。

难就难在这两件事必须通过演讲，在很短的时间内完成。

最核心的，当然是要在一开始，先讲明白利益关系。

首先，你要告诉听众：这件事很重要，利益大到难以想象；而且是大势所趋，要尽快抓住机会。

还有，最重要也是最容易忽略的：这个趋势不可逆转，没有退路可言，没有侥幸，没有中间地带。否则，即便你帮听众看到了趋势，他们也可能会因为觉得这件事太大了、太麻烦了或者不着急，当下没有危机感，而直接走掉。

所以，必须讲明白利益背后的底层逻辑，彻底颠覆听众的认知。

比如：为什么短视频是趋势？

因为以搜索为核心的行为选择都会被算法替代，你看，是不是关键词搜索、直通车、传统电商……这些引流获客方式都被推翻了？

你以为错过的是一个平台、一些流量吗？不，你错过的是下一个时代。

为什么数字化是趋势？

因为任何产业一旦上了规模，人的经验就会开始失效，机器一定会代替人脑完成更多决策，所以传统企业开完大会开小会的那套决策机制，也多少被动摇了。

只有推翻过往的经验路径、打破听众传统的认知，才能彼此结成更紧密的、面向未来的利益关系。

这句话非常重要：如果不能打破一个人的固有认知，就没办法影响他产生行动。

所以，"成交"是什么？就是打破听众认知之后，重新帮他建立秩序的环节。

2. 击中人群

怎样才能打动听众？

先讲的趋势、底层逻辑偏务虚，紧跟其后讲的必须落到具体的事、具体的人。要想更好地成交，就得说明白这件事跟听众的关联。

就好比若干年前你跟我说短视频是趋势，我当然认可，但以我有限的经验和眼界，会本能地觉得这件事跟我没什么关系。

怎么办？准备好三个故事做铺垫，缺一不可：

第一个，有绝对优势的人已经果断入场而且拿到结果了。这是风向标，比如淘（宝）系头部主播转投抖（音）系了……

第二个，没那么有优势的人也已经获得结果。他没你好看，没你有钱……但他成功了。

第三个，看似八竿子打不着的人居然也入场，取得一些结果了。都以为短视频是新消费阵地，结果养老产业也能做得风生水起……

讲好这三个故事，听众才会觉得，原来这个趋势真的跟自己有关系。在讲故事的过程中，还要不断提醒听众，不断让他被 Cue（提示）到，帮他对号入座。

怎么让听众觉得跟他有关系、每句话都是在说他呢？这里用到的方法很重要：别用身份——"如果你是一个小企业老板""你是一个创业者""你是一个高管"……这么说太空泛了，代入感不强——而是要用情绪共鸣。

你是不是纠结找不到方向，甚至夜不能寐？

你是不是觉得流量越来越贵，利润一再被压缩？

你是不是觉得同质化竞争越来越夸张，市场饱和？

你是不是好久没感受到爆发式增长了？

只要你遇到什么状况，就要考虑做什么。这种"只要……就……"的句式前文讲过，就是种下心锚，很容易在不知不觉间植入一个念头，在成交阶段直接影响听众的行为。

3. 阐述方法

前面两步一直在打破认知，让听众看到别人多么厉害……

说实话，没人愿意承认自己落伍了，承认自己短视、无知。如果一直打压，很可能适得其反。

所以到了第三步，讲方法的时候，要适度地安抚，别过度放大焦虑感和挫败感。

如何在讲方法的时候，帮助听众迅速对前面的内容进行梳理，建立起对未来的期许，形成新的判断和自我认识？

最重要的一点，就是你要把方法整理成方法论，不去讲散点，而是讲体系。

例如讲数字化转型。如果你说服务器多好，系统多稳定……这就是一个个散点，太像王婆卖瓜了，说得再好，我也抱着三分怀疑。

但如果你说纵观一家企业的 IT 化建设，可以分为四个阶段：数据化、信息化、智能化、数字化。

处在信息化迈向智能化阶段，企业面临的难题是什么……处在智能化迈向数字化阶段，难题又是什么……

所有跨越，可不只是技术这么简单，面临的难题还有三个层面：人事层面、组织层面、战略层面。

这就更像是一整个体系，当你把你的方法变成体系化的方法论后，你获得的信任度就是完全不一样的。这是在"秀"专业，也是高效成交的前提。

4. 展示产品

最后一步才是展示产品。如果前面都讲到位了，成交就是顺理成章的。此时要注意几个细节：

第一，展示产品设计的出发点、动机，以及产品如何满足不同需求。

第二，展示产品是如何帮助用户迈出第一步的。

第三，要让听众看到这一切是可行的、立竿见影的，并且能够量化收益，为他做决策扫除最后的阻碍。

产品是胜利的宣言，而不是冲锋的号角。因为你展示的产品不是广告和套路，而是用户可以切实感知到的、所急需的难题解决方案。

很多时候，客户选择我们或离开我们，可能不会提前打招呼，也不会告诉我们具体为什么，甚至就连他们自己也不知道为什么喜欢或不喜欢我们。

对于在商业世界摸爬滚打的我们来说，讲清楚一件事也许并不难，难的是要让表达具有爆发力，要在更短的时间里实现更大的目标。

犹豫的时候，回归商业本质，重新思考本节提到的4个话题：利益、人群、方法、产品。希望这些内容能帮你获得更大的商业势能。

本章小结

如果多找几篇疯传的演讲、刷屏的文章，我们还能归纳出好多好多要点——真情实感、宏大背景结合微观叙事、善用对比引发共情、加入金句甚至是拷问……

这些观点并不新奇，我们在前两个模块中也提到过，但在真正触及情绪的时刻，这些技巧都只是锦上添花。

　　每个人的表达能力都存在瓶颈，一开始，大多数人的瓶颈是源于缺乏表达的"技巧"，随着岁月的推移，我们可能会慢慢发现，真正决定表达上限的，是一个人的"阅历"。我们需要的是感知情绪、体察人性……

　　不断丰富阅历是我的理想和目标，与你共勉。

　　下一章，我们来聊聊怎样驾驭舞台，享受每一个高光时刻。

二次传播

从接受，到传播

传播表达
听众情绪的释放

↑

找到传播媒介
金句：反常呼唤重复
听觉锤：只有……才能……

↑

人设
为替自己发声
的人传播
为内容加入价值主张

认同
为认可自己
的人传播
找到多个小众群体
让权威性被认可

传播是
解决方案

掌控
为自己做不到
的事传播
看到"失控感"

↑

接受表达

演练 第八章
台下万全准备，台上举重若轻

设计开场：掌控演讲开场 5 分钟，你就成功了一多半

掌控了开场，
就掌控了全场。

在帮客户做商业演讲梳理的过程中，我们会反复讨论、打磨、推敲……甚至多次推倒重来，只为设计一个精彩的"开场"。毫不夸张地说，打磨开场的短短几分钟，会用去整个工作时长的 40%。

演讲的开场有多重要？一个好的开场，会让整篇演讲瞬间有了灵魂、有了主线。我甚至会"逼着"客户，把准备好的开场一遍又一遍演练，以求声情并茂、万无一失。

掌控了开场，就掌控了全场。

精彩开场的 3 个重要任务、3 个常见模板

在我看来，一个演讲、一次表达，必须在开场完成 3 个重要任

务：第一，建立共情，展现情绪、获得听众好感；第二，明确目标，预告话题、明确听众的收益；第三，带入场景，完成铺垫、切入正题。

具体的技巧方法，分别在第一章"视角"、第二章"立场"、第五章"故事"中提到过。坦率地说，做到这3点并不容易，不同的演讲表达场合，意味着诉求、目的、人群不尽相同，需要我们用到不同的方法。

我做了进一步整理，把常见的开场模式归纳为3个模式：好奇模式、意义模式、行动模式（见表8-1）。

表 8-1 常见的开场模式

	好奇模式	意义模式	行动模式
主要方法	展现苦难和荣耀的反差	强调重要性、意义感	建立行动关联
适用场合	经验分享：以独特经历切入	传授技能：易学难精的技能、方法	行动动员：部署工作、拆解任务

我找了一些案例，希望能带给你更深的理解、更多的启发。当你需要准备一场演讲却没有灵感时，翻开这几个例子，相信你会找到最合适的方法。

1. 好奇模式开场：展现苦难与荣耀

好奇模式开场通常适用于经验分享，只需迅速展示出一件事的前后对比，巨大的反差就能引发听众的好奇。

举个例子，我曾听过一位朋友的演讲。2010年，这位朋友的公司帮小米研发了一款蓝牙音箱，当时出现了非常多的质量问题，以至于很不幸被小米拉入了合作黑名单。3年之后，他再次敲开了小米的大门，为了重启双方合作展开了艰难沟通，他梳理了面临的难题并展示了提前准备的完备方案，最终拿下了大订单。与小米的合作，也使得他的公司实现了巨大的规模跨越。

以经历串联主线的演讲，千万不要记流水账。而避免流水账最好的方法，就是找到影响过你、帮你获得宝贵经验的那段经历，用经历前后的两个"场景"展现出来；借助这两个场景，把所有背景信息交代清楚。为了保证演讲的张力，这两个场景要有足够大的反差，我把它们称为"Before"（之前）和"After"（之后）。

可以按时间顺叙，从关键沟通前的忐忑（Before），到实现跨越后的激动（After）：

2013年夏天的一个下午，我和伙伴来到小米公司，在会议室直面对方供应链负责人，即将到来的是一次艰难的沟通。说实话我很紧张，3年前我们"狠狠"搞砸了小米的订单，进了黑名单，想要重启合作谈何容易。

当时我们没有预料到的是：这次会议不光挽回了小米，还间接为公司带来了翻天覆地的变化，不论是工作标准、流程效率还是生产规模，都跻身行业顶流。

请留意，这段开场不是流水账，而是有情绪、目标和场景的，引发了听众的好奇：你是怎么做到的？所以，听众才愿意继续听你讲下去。

同样的内容，也可以按时间倒叙，从After再到Before：今天我们公司规模很大，可是你知道吗？很大程度上，转折发生自很多年前的一次艰难沟通……

怎样在开场引发强烈好奇？只要展示两组重要的场景和情绪：Before 的艰难、忐忑、不自信，还有 After 的开心、自豪、兴奋。这就是典型的展现苦难与荣耀，迅速通过两个场景完成开场。

2. 意义模式开场：分享这个话题曾带给你的触动

意义模式开场其实很简单，只要告诉听众你为什么认为接下来分享的话题如此重要；在人生中哪个时刻，你突然觉得这个话题有着非同一般的意义。

我曾做过"如何借'私董会'做决策"的主题演讲，关于"决策"这件事，我的感触可太深了。小到高考选专业，大到商业抉择，看似漫不经心的决策，可能会影响未来十年的发展和走向。

江浙沪地区有三个小镇，2000 年前后几乎同步开始发展文化旅游。甪直古镇，选择圈地，保护历史建筑，打造古色古香的文化氛围，做旅游住宿；同里古镇，在上述基础上又进行了二次开发，做配套文旅设施；第三个小镇，原本位置、名气都不如前两个，可在今天却如雷贯耳：乌镇，它为自己打上了"互联网"的文化标签。

20 多年过去了，这三个古镇的营业额规模分别是 300 万元、3000 万元和 3 亿元，依次相差 10 倍。一个关键决策被时间放大再放大，让三个古镇从看似相同的起点，走向了不同的发展道路。

我还听过一个关于选择的故事，来自鼎辉投资前副总裁，她曾考察海外的国际知名医院，发现旁边整栋楼都被中国人租了下来。他们在那做什么呢？做高端医疗中介服务，帮助国内富豪对接这些高端医疗资源，并提供包括接待、翻译、饮食起居、挂号、陪护的服务。

由于依托高端医疗资源，加之提供的是跟生命息息相关的高端服务，这些中介的收入非常可观。他们是怎么发现这个商机的？在转行之前，很多人只是在当地服务华人游客的导游。从导游到中介，所需的能力并没有太大变化，但嫁接到了高端医疗服务领域，收入就能提高几倍甚至十几倍，这就是选择的意义：让优势资源实现最大价值。

我把这两个故事在那场分享的一开始讲出来，就是非常好的开场。听众会被触动情绪，对"如何做关键决策"的内容自然多了几分期待。既然决定开始一次演讲，就意味着这个话题非常重要。它在你人生的哪个时刻启发过你？把这些影响过你的故事讲出来，它们也会影响更多人。

3. 行动模式开场：用场景化类比做出关键解释

行动模式开场，特别适用于希望把想法落地的演讲，比如公司的业务动员大会。关于这类演讲开场的一个最重要的建议是：<u>用类比，重新解释和定义大而空的名词</u>。

很多时候，公司高层、中层、基层间的信息断层是非常夸张的，共识的层层衰减是每个组织面临的管理挑战。比如"数字化转型"，这个近几年几乎所有企业都在推进的工作，就是一个典型的高层想明白了，但基层觉得跟自己没关系的"大话题"。

怎样让大家形成进一步的共识？能不能通过解释"数字化转型"这个词，让所有人都明白公司的战略意图呢？我曾经辅导过一位企业家准备演讲，经过打磨后，他是这样开场的：

什么是数字化转型？简单地说，就是用机器算法，替代一部分人脑，来完成一部分业务决策。今天都在提数字化，为什么要做这件事？我们能做些什么？

先把共同的疑惑大胆提出来，再接上一个大家都能理解的"类比"：

假设你是某小区门口一家小超市的老板，怎样让自己进的货更畅销、让生意更赚钱？主要凭借的是经验，如果你知道这个小区有多少人家养狗养猫，小孩、老人的大致占比……就能更科学地进货，提高周转率，实现更高营收。

可如果你服务 10 个小区呢？如果你是整个城市的供货商，你该怎么做判断呢？人的"经验"在"规模"面前，往往是会失效的。

借助这个类比，切入这次演讲的正题——我们接下来可以做些什么：

这也是咱们公司发展到现在这个阶段，面临的很大挑战，我们必须把现有的经验装入一套信息化决策体系，这就是接下来几年我们要做的数字化转型。

通过这个开场，他似乎把大家似懂非懂的"数字化转型"，用接地气的方式说明白了。类比不求准确，但求达成最基础的共识。越是大话题，越不能在一开始喊口号，而必须通过一个场景化的类比，让更多人理解演讲者的想法。只有把原本大而空的话题说得具体，听众才有可能听懂你的分享，进而尽快产生行动。

回顾开场必须完成的 3 个任务：建立共情、明确目标、带入场景，结合我给你的 3 个开场模式，先试着在一次演讲中用好一种开场。

我相信，成年人的高效学习是在行动中完成的，先僵化再优化。驾轻就熟之后，你自然会发现自己最擅长的开场方式，还可以试着将这些方法自由拆解、重新组合。

马上就练

多把时间花在开场部分，对于一次演讲表达而言"性价比"很高。下文提供 3 个很具体的关于开场的"进阶"建议，推荐你找机会用在你的开场中。

- 开场第一句不要说"大家好，我是×××"，而是从时间、地点、人物、场景开始，比如"2022 年 7 月，我来到了久违的上海……"想象你是一名导演，用镜头语言组织信息

- 那什么时候做自我介绍呢？可以放在场景或悬念制造完成之后，比如"这就是我日常工作的一个缩影，你好，我是×××，在公司负责×××"

- 好奇模式/意义模式/行动模式，都可以试着在开场中加入互动，让听众也能参与其中。加入互动可能有意想不到的效果，比如"火车前进的方向，有 5 个嬉戏玩闹的孩子，你有机会推动改道的拉杆，但另一条铁道上，也有一个无辜的人，你会怎么做？"

如果你已经迫不及待地想使用这些方法，可以试着把曾经的讲稿翻出来，想想能不能借用新的开场模式，赋予它们新的生命力？

讲稿提词：做万全准备，却视之浑若无物

怎么最快地备好一份讲稿？
在脑海中描绘四个[注]重要的情绪画面，
借由这几个画面把内容串联起来。

一次相对正式的表达，需要提前准备讲稿吗？在回答前不妨先做个判断：

（1）听众中陌生人多吗？比如：大型论坛、峰会的公开演讲。

（2）会直接影响事态走向吗？比如：合约谈判、投标提案。

（3）会影响你的威信吗？比如：战前动员、年会激励。

如果你对以上三点产生担忧，请务必准备一份讲稿。

1. 讲稿和文稿最大的区别，在于口语化

口语化，就是眼前有听众，说话不端着。本书第一章提到的"亲历视角""进入场景"……都是在帮你建立这种意识。写讲稿时要有对象感，就像正在与人对话。什么意思呢？就是试着加入一些语气词，帮观众在大段文字中画重点，例如"你看""请注意"等。你也可以站在听众的角度上去思考，把他们可能产生的疑问用设问的方式提出来，解决掉。

你肯定注意到了，刚刚我提到"写讲稿时要有对象感"，随后就跟了一句"什么意思呢？"，这其实就是替读者问了一个问题，然后给

[注] 为什么是四个？因为典型的剧本创作遵从起因—发展—高潮—结局，所以最简单的做法，就是为这四个部分填充情绪的血肉。

出我的解释。

如果你习惯语音创作的话，可以用语音转文字的软件工具（比如飞书妙记、讯飞听见……），先形成一份底稿，再在这份底稿的基础上做修改。

2. 讲稿的字数宁可少，也不要多

如果你要准备一场精确到分钟的演讲，可以先按每分钟 200 字（包含标点符号）来准备逐字稿，然后在这个基础上逐步摸索，找到适合的信息密度。

实际上，我们平常的语速是高于每分钟 200 字的，每分钟 220~240 字都很常见。比如罗振宇，大概每分钟 240 字，罗永浩一旦语速快起来，差不多每分钟 270 字，短视频平台口播类视频的语速大多都超每分钟 300 字了。

为什么还要建议你按每分钟 200 字做准备呢？因为很多人在紧张状态下，语速都会比平常快，文字量少点，也是在暗示自己：把节奏慢下来，要给自己留出临场发挥的余地，突发奇想说几句、来几次互动，时间就过去了；更别说还有主持人串场、临场问答、茶歇等弹性安排了。

我在辅导新手演讲者的过程中，发现他们几乎有同样的担忧：不敢在演讲中设计互动和停顿，怕放空会尴尬；他们准备的逐字稿和 PPT 远超演讲所需，哪段话都不愿舍弃，还暗示自己：稍微说快点，时间不够的话大不了一笔带过……

以最终呈现效果来看，这样往往是费力不讨好的，不但会失去节奏感，还会留下个头重脚轻、手忙脚乱的印象。听众只会吐槽超时的演讲者，如果能提前结束演讲，其实并没什么不好。

3. 如果时间有限，至少要写好开场的 5 分钟讲稿

如果演讲内容很多，你的时间精力有限，没办法写全稿，至少要好好准备前 5 分钟讲稿。

由于曾多次参与罗振宇跨年演讲幕后工作，我每年可以看到罗振宇演讲的初稿和无数过程稿。我发现，几乎对每一年演讲的开场部分，罗振宇都会反复修改。不管是多长时间的演讲，前 5 分钟都是一次演讲最难的部分。因为它是你在陌生环境中的重要破局点，是营造情绪基调的最重要环节，不容有失。

从表面上看，为超长演讲准备逐字稿，是相当耗费精力的事，可如果没有这份稿子呢？整场演讲的内容就只能存在你的头脑里，别人想帮忙也帮不上。在很多重要的商业演讲中，演讲者都有自己的智囊团，只有基于一份完备的逐字稿，团队才能有条不紊地分工协作，贡献群体智慧。

4. 用情绪和问题，把讲稿"备"下来

逐字稿准备好后，接下来就要备稿了。请注意，我们说的"备稿"，是借用逐字稿帮我们做好表达的准备，而不是要把讲稿一字不差地"背"下来。我看过的大部分"翻车"现场都源于"背"稿。要么是没有投入感情，要么是中间卡壳，脑子直接放空。事实上，我们不需要背诵逐字稿，而是找到一条线索，把准备好的内容顺下来。

这条线索就是我们反复提及的"情绪"。备稿，就是用自己的话，讲出自己的情绪。

如果让你背下来下面这一大段稿子，你会不会觉得头皮发麻？

2017年的一天，我突然被召回深圳，一下飞机，就被同事拉到一条河边上，他摊开一张图纸，指着一条河的标志对我说：接下来，咱们的任务就是把这条河的黑臭消灭掉。

我跃跃欲试，因为改善这条河，能造福上下游的50万居民！这时，旁边的同事轻轻提醒我：波哥，给咱们的时间不多了，要在两年内把这条河治理好……我听完一下就懵了：两年？怎么可能！同样的河，英国要治理10多年！

背诵全文堪称学生时期最惨痛的噩梦；可如果换个角度呢，我们可以试着抓住情绪线，无非是重新描述过去发生过的真实情绪：紧急—茫然—宏大—豪情—震惊—担心。

怎么最快把讲稿准备好？把一份长长的讲稿切分成几个关键的情绪节点，让你的真实情绪成为你的表达线索。只要在脑海里描绘四个最难忘、最触动你情绪的画面，借由这四个画面，就能把前后所有的内容串联起来。

5. 什么时候该用提词器

在大型活动现场，演讲者脚下会放一块提示内容用的返送屏幕，这就是提词器。如果用这块屏幕来提示时间、预览PPT，演讲者能更好地把握节奏、掌控内容，大幅增强自信。可如果这块提词器直接列出你的讲稿，你还打算照着念的话……我衷心劝你别这么做，因为这样会把你的演讲瞬间拉低好几个档次。

韩寒用的提词屏（见图 8-1）上满是文字，极大限制了他的发挥，甚至限制了他的走动和台风展现。韩寒尚且如此，更别说缺乏舞台经验的表达者了。每一次偷瞄，你以为神不知鬼不觉，观众在台下看得可一清二楚。

图 8-1　韩寒用过的提词屏

如果一份讲稿，不靠提词器就顺不下来，那不是你的记忆力有问题，而是这份稿子有问题。我见过这样的提词屏（见图 8-2），用的压根儿就不是演讲者自己的话，指望他能背下来，确实不现实。

图 8-2　某提词屏

在一份讲稿中，大多数演讲者会在排比句和情绪过渡的部分卡住，如果担心出问题，可以放几个关键字在提词器里。

最后给你个小诀窍，看提词器时，最好看离自己比较远的那一个，这样给观众的感觉会自然很多。

马上就练

本节留两个小练习，都不难。

第一个小练习是，试着使用语音识别工具。这些工具能够快速帮你准备逐字稿。可以先试讲 2～3 分钟，听录音体会感觉，再看看语音转出来的文字，与书面文字对比，差别有多大。

好的讲稿，不是彻头彻尾的大白话，而应该是精心准备的口语稿。

第二个小练习是，找一部你最喜欢或最近看过的电影。假设要复述这部电影的情节，然后在心中为它建立几个画面。我想，即便我没有提醒你，此时浮现在你脑海里的画面，肯定也是情绪最充沛的。

以后，你在做重要演讲之前，也可以试着在脑海里过一过"电影"，找到这段演讲中串联全局的关键画面。

现场互动：好的互动，是"你想到了，我还没说"

互动不是简单的"提问"，
而是帮听众从未知迈向已知。
只要听众一直在跟随你思考，就是互动。

在表达时，如何设计互动呢？我想你一定用到过这个方法：向听众提问。

没错，用提问的方式，可以迅速和听众同频，只不过，我也见证过好几次互动"翻车"现场。为什么会这样？因为如果是以"考"为目的的"提问"，不能算是"互动"。回想学生时期的我们，面对讲台上老师抛出的问题，噤若寒蝉的样子……这不光是考查，更是拷问，因为在那个瞬间，我们和老师的地位不对等、立场不一致……

在一次表达过程中，好的互动都是提前设计过的。其中的重要原则是：<u>互动，不是为了为难听众、秀优越感，而是带着听众，朝你所引导的方向展开思考。</u>

1. 好的互动：引导肯定

好的互动，首先要做到的是"引导肯定"：让听众毫无压力地回答"是"。比如说："咱们的同学优不优秀？""咱们一起来做个练习好不好？"这叫引导肯定。不好的互动，如："咱们的同学难道不优秀吗？"听到这样的问题，你怎么回答？回答"是"还是"不是"？你会发现大脑突然卡住了，思路要绕个弯。

设计的问题要让听众有优越感和确定性。<u>好的互动，一定能让听众毫无压力地回答"是"。</u>

你可能觉得，这样的互动提问会不会有些"傻"？跟喊口号、"打鸡血"似的……真相是，往往越简单的问题，越能调动情绪、直达人心。

曾经，我去健康行业某家知名公司做发布会咨询。那段时间，由于行业里其他公司频频爆雷,导致这家公司也受到了非常大的影响,销售额下跌,急需提振士气。

我建议这家公司的总裁,以这个问题开场:"咱们行业,还有希望吗?"答案毋庸置疑,在座的所有人都能毫无压力地说"有"。健康行业肯定有希望,因为不论眼下多坎坷,用户需求都不会消失。

想明白了这个最简单的问题,提振士气的基调也就定下了。为什么公认"有希望"的行业,却暂时看不到出路?我们应该做些什么?……接下来,演讲者一路带着听众拨云见日,后者的情绪也随之触底反弹,从迷茫到充满期待。

2. 好的互动:提前铺垫

好的互动,除了引导肯定之外,还要试着为听众提前铺垫。这可能是书面表达与口头表达之间,一个很大的区别。举个例子:

几十年前,国人对菜肴的最高评价是入选八大菜系,但今天,大家已经逐渐淡忘"八大菜系"这个概念了。

这句话就是书面表达,也符合我们惯常的写作套路,但这不是一个"有互动"的讲述方式。如果为听众设计一些铺垫和引导呢?

你一定听说过"八大菜系",但你知道是哪八大吗?有没有杭州菜?河南菜在不在里边?脑子有点乱,对吧?因为今天,我们大多数人已经不再把"八大菜系"作为菜肴的评判标准了。

阅读这段话时,你是不是一直在跟随问题思考?这是更适合口头表达的方式，设计互动时，需要跟随听众的情绪状态，铺几个台阶。再看一个例子：

> 河道没水，就像身体里没有血液。我们找遍了河道都没发现水源，更想不到这水要从哪儿来？后来我们灵机一动：虽然没有"干净"的水，但是好在我们还有什么？我们有"污水"啊！

在这段演讲中，虽然演讲者没有把话筒递到听众面前，但听众能顺着他的话，提前想到答案是"污水"，自然也就多了几分参与感。可一次不好的互动呢？

> 我们找遍了河道都没有发现水源，后来我们灵机一动，我们还有……？（把话抛给听众）

这就是尬聊，听众的参与感会受到沉重打击。因为大家都是外行，没人知道还有什么……"虽然没有干净的水"这句话就是重要的铺垫，是在暗示听众、"剧透"解决方案。我们的表达有时需要一些剧透，这样才能让听众感受到跟你一起披荆斩棘的成就感。

我们和听众的这种往来，才是有情绪流动的互动。好的互动不是简单的"提问"，而是帮着听众从未知迈向已知。好的互动，甚至听众都不用发出声音，只要他一直在跟随着你的问题思考，就是在参与互动。

在说唱界，据说最高级的技巧叫作 layback：表演者的节奏比音乐节拍慢一点，是非常舒服的跟拍方式。高级的演讲互动也是如此，要比听众的思考慢一点点：让他先进入话题，而不是强行拖拽着他往前走。

好的互动，是听众都想到了，我还没说。

> **马上就练**

给你两个马上就能练习的互动技巧。

- 尽量让听众回答"感受"，而不是回答"观点"

问同事"看到这份数据，你有什么感受？"，就比问"为什么数据下滑这么多？"，要更容易回答，不会冷场。

- 通过互动让听众做出承诺，可以提高行动转化率

关于提问，我们在第二章重点讲过一个案例。为了让订了座的顾客不爽约，餐厅服务员打电话确认订单时，最后会跟一句："您一定会准时到店，对吗？"亲口做出承诺的顾客，准时到店的概率会提升很多。

段子调侃：幽默的来源，是预期的合理错配

幽默 =（观点故事 + 独特视角）×（情绪转折 + 预期错配）

回想写这本书的经历，最大的收获在于系统梳理了我十几年的收获，还逼自己进入了自律模式，写作水平大幅提升！唯一的苦恼，就是当我偶然发现洗澡可以让我文思泉涌后，经常要靠洗澡来找灵感，

一天洗两三次都是常态。真的，写书实在是太费水了……

"写书费水"虽然是个段子，但也是我那段时间的真实写照。我把这个段子发了朋友圈，配了个呆萌的图，收获的点赞量是平日的两倍多（见图8-3）。

图 8-3　作者的朋友圈截图

谁不喜欢有趣的人呢？如果可以的话，谁又不想成为一个幽默的人呢？虽然脱口秀非我所长，但据周围的朋友说，我总是在表达中自带一些冷幽默。我试着把对幽默的理解，用之前提到的几个知识点串起来，变成了一个公式：

幽默 =（观点故事 + 独特视角）×（情绪转折 + 预期错配）

1. 观点故事

表达中的"讲段子",不是念个网上抄来的段子那么简单,也不是我们把别人逗乐了,段子就算讲成了。我们所说的表达范畴里的幽默,首选是讲亲身经历的故事,让听众能在呵呵一笑以后,自己得出结论。

在"写书费水"这个段子中,听众能得出什么结论呢?借助一个刁钻视角,我不用明说,你也能隐隐感受到:写书挺不容易的。

如果我直接说出这句话会怎样?要么显得太刻意,要么显得太无聊。没人愿意看你苦大仇深的样子,千万不要悲情叙事。所有的"我太难了",都应该用段子的形式,幽默地讲出来。

2. 独特视角

同样是表达"写书难",还有很多视角。一天,在完成了写作目标之后,我跟群里的朋友吹牛:今天,我又 get(得到)了一个快速写作的秘诀。之前我规划了 50 节内容,每天写 2 节。这天下午在我的努力下,大纲被删到了 48 小节,瞬间一天的目标就完成了!

群里的小伙伴当然是被逗得前仰后合,但同时也会心疼我几秒钟:好端端的一个人,说"疯"就"疯"了,写书真难……

独特视角,就是有话不直说。例如"创业维艰",可以怎么绕个弯说呢?得到首席设计师李岩曾指着一张照片里两件农夫山泉矿泉水说,这是他刚进公司时的工位。

得到联合创始人快刀青衣说,最初他在正式入职前的几个礼拜里，换过饮水机、修过门把手等，他决定留下来，是因为感觉自己还挺重要的。

你发现了吗？虽然他们都是在说初创公司的艰难，可段子化的表达需要找到独特视角和巨大反差，这也是最考验段子水平的积累所在。掌握段子独有的节奏，你可以使用两个方法：情绪转折、预期错配。

3. 情绪转折

什么叫情绪转折？讲故事，情绪曲线最好跌宕起伏，从很 high（情绪高涨）到很丧，情绪曲线一路向下；或者从很丧到很 high（情绪高涨），情绪曲线一路向上。这两种都是很好的表达节奏。

好的段子，都具备神转折的特质。想表达什么，可以先从反面切入，最后快速转折。

想说自己写书"收获很大"，直接说出来恐怕太过炫耀，那能不能从"苦恼"的负面情绪讲起；同样，想说自己精益求精、不断修订书稿，也可以从投机取巧、删除章节开始聊起，把观点藏进情绪转折里。

4. 预期错配

情绪转折不光要快，还要角度刁钻，我们需要调动听众的预期，完成"预期错配"。预期我们反复提及过，指的是一个人预先的期待，那"预期错配"是什么意思呢？

有一档音乐类的综艺节目，常驻嘉宾是王菲，有一期节目组请来了大张伟做助阵嘉宾。主持人问大张伟为什么来参加这档节目，他回答："我相信跟优秀的人在一起，能让自己变得更优秀。"接着，他顿了顿，又说道："我相信菲姐会更优秀的。"

这就是预期错配。听众为什么会笑，因为通常情况下大多数人都会认为大张伟是在谦虚地说自己要向王菲学习，结果没想到他这么"自信"，硬生生地往自己脸上贴金……

好的互动，是"你想到了，我还没说"；好的段子，是"你想到了，但是你想错了"。

请注意，不论你的情绪转折是先贬后褒还是先褒后贬，都会露出锋芒，幽默先天带有攻击性和冒犯性，需要小心拿捏。常规操作是调侃主要嘉宾、调侃共同的熟人、调侃主持人，更为保险的当然是调侃自己。

5. 自嘲自黑

自嘲自黑是演讲中拉近距离的万能方法。

三年前，我出差帮一家知名车企做年终发布会，当时简直是没日没夜地工作，每天只睡三四个小时。熬到后来，我连续几天一到凌晨就准时流鼻血，惨不忍睹……我站在酒店的镜子前，拍了张照片发给夫人，她看了之后也很心疼，说：命要紧，钱可以以后再赚，能不能多睡几个小时？我说，快结束了，熬完最后关头，一定好好休息。

夫人说：要不我飞过去照顾你，看能帮你做点什么？我赶紧拦着：就两天了，不用。

可让我万万没想到的是，第二天上午大概9点，我夫人居然给我买了份保险……

这也是"你想到了,但是你想错了"。原以为她会很体贴地过来照顾我,突然出现在面前给我惊喜。但结果是:她可能担心我"活不过两集"了,赶紧用保险来对冲风险。这就是一个自嘲的段子,每当我提及跟夫人的深厚感情,一定会用到。

6. 幽默,是你跟听众关系的润滑剂

有个嗓门特别大的同学,非说给我讲讲神学,我以为他要拉着我信教。接触下来才发现,他没有这个意思。这个同学是深圳某高端美业集团的总经理,我给他的建议是:有些话题不能直白地讲,听众跟你不熟就可能被吓跑了……要用自嘲淡化违和感和冒犯感。

后来他在一次演讲中,先调侃自己来得到大学是怎么被面试官两次拒绝的,第三次他拍胸脯保证肯定不是来传教的,才勉强通过面试。接着,他话锋一转,说:面试官肯定想不到,防得了开学防不了毕业,今天我要讲的是"布道者思维模型",不光要讲,还要当着罗振宇的面讲。

是的,当时罗振宇就在台下跟其他同学一起哈哈大笑。最后,罗振宇说那天他的演讲给了自己最大的启发。

为什么幽默很好用?因为幽默可以消除距离感、消解冒犯感、消化隔阂感。我在打磨一个个演讲的过程中有个神奇的发现,我跟演讲者聊亲历视角、情绪、预期,对方往往需要一段时间才能消化;我反复强调,告诉他们要放下身段、与听众互动交流,对方也是懵懵懂懂、一知半解。

然而，如果能亲手帮他们设计好一个自嘲自黑的开场，他们就会瞬间进入状态，效果出奇地好，感觉全来了！

所以，如果你在准备演讲的过程中被无数细节困住了，就试着从找到一个段子开始吧！

> **马上就练**

本节的小任务，是想一个可以在表达中使用的段子。可以先从自嘲开始，逐渐找到调侃别人的"乐趣"。请注意，自嘲不是自暴自弃，可别在一开始就说：我也没怎么准备，只要大家听得懂，不犯困，我就算成功了。

从今天开始，你可以找机会观察印证，各类脱口秀节目里的段子明显是编的，为什么还能引发你的共鸣？因为看似荒诞的背后，都有真实可信的情绪。

乔布斯有句经典的话："如果你能把每一天当作生命的最后一天，终有一天你会如愿以偿。"这就是讲段子的更高境界，就是用编造的事实，描述真实的情绪。

曾经，在一次线下培训现场，我用开玩笑的方式，借另一位老师的观点表达我的不同思考，我问现场学员：同意我的，请举手；同意另一位老师的，请站起来转三圈。

你看，这也是一种荒诞的做法：我居然为了证明自己是对的，这么不择手段……

人们都说喜剧的内核是悲剧，不论是用幽默展现攻击性，还是用戏谑表达真实情绪，把让你哭过的事用段子讲出来，是表达的至高境界。

期待你把一切苦痛都化作乐观的力量。

舞台台风：百般演练，不如提前录制视频

为自己建立反馈机制，
是精进一门技能的根本保障。

你已经为一次表达做好了万全准备，可能即将登上舞台，面对上千人进行演讲；也可能即将带着几个伙伴，奔向客户公司准备拿下一个项目。这个时候，怎样拥有 hold（把控）住全场的台风呢？我们来聊聊这个话题。

穿着正式、发型干练……这些虽然重要，但都属于商务礼仪范畴。本节想跟你聊的不是表达的前期准备，而是在表达发生的当下，我们怎样提升信息传递的效率，给听众留下深刻的印象。

1. 想象听众就坐在房间角落里

一个人的演讲，尽管听上去很流畅，可一旦被我发现他的语言中"然后""其实""所以"这样的口头禅很多，我大概就能判断他准备得并不充分。

为什么人一紧张就会滔滔不绝？因为大家会下意识地认为：只有填满所有空白的时间段，才能给听众留下自信得体的印象。但是，我相信只要你体验过这种文字机关枪的扫射，就能深刻感受到，这种"滔滔不绝"是对听众的一种伤害。

把控节奏和适度留白，才能在表达时有效地传递信息。好的演讲，都善用降速、停顿。

好的互动，是"你想到了，我还没说"；好的段子，是"你想到了，但是你想错了"。可见成功的互动、捧腹的段子，都要求讲演者放慢语速、适度留白，给听众留出足够的思考空间。

有个很好用的小窍门：想象对方站在20米外跟你说话，你的语速自然就慢下来了。在不同的场合，调整语速的方法，就是脑补你的听众是坐在房间角落里的那个人。

2. 稳定、开放的身体语言

关于身体语言，只要你做到了"稳定"，就足以给听众留下不错的印象：双脚与肩同宽，一只手握话筒，另一只手自然下垂，站在讲台中央不胡乱走动。如果还能做到"开放"，那你简直就自带演讲高手的光环。开放的身体语言中最通用的就是经典的"Ｖ字打开"手势（见图8-4）。

一个朋友跟我聊起演讲手势时，教了我三个很容易记住的动作，分别是抱个西瓜（见图8-5）、横切西瓜、竖劈西瓜。抱个西瓜表示具体，横切西瓜表示否定，竖劈西瓜表示坚定。

图 8-4 "V 字打开"手势

图 8-5 "抱个西瓜"手势

说实话,我一开始觉得这个方法听上去土土的,但自己试了试,又告诉了几个连手都不知道放哪儿的演讲小白,大家都觉得有趣又实用。

推荐你也试试,"V 字打开"加三个"西瓜",对于大多数场合完全够用了。

3. 百般演练，不如录个视频

我接触过很多演讲者，他们都觉得舞台呈现是件大事儿，成败在此一举。其实，作为演讲教练，我从不觉得舞台呈现会是很大的问题，事实上，我辅导过的演讲者，也从未在舞台呈现上出过岔子。

原因很简单，只要提前让演讲者找一面镜子练习，剩下的演讲者自己就能搞定。

我辅导过很多小白登上过千人舞台，他们曾经对舞台呈现技巧一无所知。当然，他们也经历了一两周高强度的集训，我认为在整个过程中最立竿见影的方法，恰恰是个最简单的方法——<u>在正式登台前两周，把手机架好，为自己录个 2 分钟的演讲开场视频，然后根据视频进行调整，再录制</u>。只要你做了这件事，正式登台保准没问题。

我说"没问题"，不是因为你在这个视频里的表现一定有多好，而是我知道，你对视频里的自己肯定不满意，你肯定会努力改进。只要你好好回看，就找到了能够帮你持续进步的那面镜子。

最后，哪怕你目前没有登台演讲的机会，也推荐两个特别实用的练习方法：

（1）从今天起，请回听一遍你发出去的每条微信语音。

（2）在周围没人时比划比划演讲手势，或者叉腰找找大人物的感觉，增强自信。

是的，这两个方法看似简单还有点傻，但相信我，只要坚持下去，必有收获，加油！

| 马上
| 就练

本节给你的建议是，千万别被我说的几个方法限制住……一场精彩的演讲，语音、语调、语速、手势、走动等都跟具体内容相关，迷茫时可以低头踱步，悔恨时也可以语速加快……我去腾讯做培训时会把语速加快 1/4，因为周围伙伴的语速都很快，而且思维非常敏捷。

本节提供的都是入门的方法，也是在帮你建立信心；而为自己设计反馈机制，才是精进一门技能的根本保障——你需要的不光是具体的方法，更是一面看到自己的镜子。

不妨想一想，还有什么方式能让你在表达这件事上，建立一个有效的反馈和迭代机制呢？

网红思维：怎样提升视频表现力和感染力

理解算法、拥抱算法，
进而掌握算法、运用算法。

2021 年的大年初一，我突发奇想：试试拍短视频吧！开始拍后，我发现视频表达跟线下演讲完全不是一回事，在看向镜头的一瞬间浑身不自在，我的经验几乎全都失效了。一条 3 分钟的视频，我拍了不下 50 遍。一直拍到大年初五，才兴高采烈地把最满意的一条拿给朋友看，收获了约 20 条吐槽和建议。

就这样，我的短视频艰难起步，回头再去看这第一条视频，拍得有多烂呢？这么说吧，最开始拍的一个星期，我甚至不敢直视镜头，一看就舌头打结。如果你想看我的黑历史，可以去视频号"刘哲涛"，翻到最底部看第一条视频。

怎样提升视频表现力和感染力？经过一年多的摸索，从恐惧镜头到游刃有余，现在我把我听到的、总结的、实践过的特别有用的几个方法告诉你。如果当时的我知道这些方法，视频表现力和感染力肯定能迅速提升——至少有个及格的开局。

迅速提升镜头表现力和感染力的 6 个小技巧

（1）在镜头旁贴一张小小的贴纸，如需看向镜头则有意识地盯住它；如果是用手机后置摄像头拍摄，盯住闪光灯也行。一个人的眼神是"看向镜头方向"还是"盯住一个点"，在视频中的眼神光会不一样，聚焦才能更有神。

（2）一开始拍视频，我们会本能地模仿新闻主播，表现也就不太自然。不必一直看向镜头，可以想象聊天时的感觉，我们的眼神也不是一直死死盯住对方的。适时扭头移开视线、抬头思考、低头沉吟，会显得更自然。

（3）准备一份逐字稿用于提词，手机和相机拍摄都有很多方法提词，不用完全对着稿子念，可以口语化适度发挥。如果你看稿子实在进入不了状态，那就背一句说一句，最后通过剪辑合成完整视频。

（4）如果你不擅长在镜头前展示手势，又不想直愣愣地坐着，那就借助道具吧：拿一支笔或一个摆件，或者拿一瓶水放在一边。这些生活化的小细节，会让一个人出镜时更自然、放松。

（5）怎样强化互动感和对象感？找找在线会议的状态：你不是在拍视频，而是对着一群人开视频会议。以这种状态出镜，观众会有在跟你交流的感觉。

（6）关于语气，如果担心说话冷冰冰、硬邦邦，可以通过前置语缓解，在一段话前面加上"这么跟你说吧""你猜怎么着""这你敢信吗"，先说前置语，再说正文，语气会自然很多。最后再把感觉啰唆的部分通过剪辑删掉。

短视频，是基于场景的算法表达

这几年，我服务了特别多拥有百万级、千万级粉丝的超级网红，获得了特别宝贵的启发，也做了很多对未来表达趋势的探索，它对你我的影响可能远超想象。通过视频表达观点，是在当下这个时代，每个人都必须掌握的技能。在VR、元宇宙时代到来之前，视频是最高效的信息传播媒介，是一种基于场景的算法表达。

我曾跟一位非常有名的直播操盘手交流，他告诉我，优秀的直播间场控运营更像算法工程师，他们会实时调整细节，观察数据变化，立刻做出优化反馈。比如，一场直播开启后不久，直播间的人数会迎来突然上升。这是平台在用分配流量的方式做测试，看看直播间有没有能力把这些人留住。如果留存数据不错，平台就会给更多流量，否则平台就会倾斜流量给其他留存数据更好的直播间。

这是一个反馈越来越及时的时代，我们在一场线下演讲过程中，很难有这么立竿见影的、精准的数据反馈。怎样才能具备算法表达的思维？下文试着给你一些启发。

一个直播间有三个关键要素：人、货、场。你觉得哪个最重要？是主播？是产品？还是场景布景？我曾经问过一些朋友，很多人觉得"人和货最重要"。可在顶级直播高手看来，最重要的是"场"，尤其是在直播间还没名气的起步阶段。用户刷到一个直播间，一般最多停3秒，他可能还不知道在卖什么，甚至没看清主播的脸就离开了。如果在这3秒里他决定留下来，更大概率是因为场景。

如图8-6所示的这个直播间，几乎零成本布景，只有一块白板，看上去有些简陋。

图8-6　直播间示意

但其实白板是个很重要的暗示，显得专业、有名师范儿。如果你刷到这个直播间，瞟一眼白板最顶上的字，一秒就知道他在讲选择兴趣班的话题，可能就会留下来多看几眼。

图中还能看到很多巧思：白板上列出的这么多兴趣班，三思后行的写在左边；强烈推荐报的，却很不凑巧地被主播的脸挡住了。文字被挡真的是巧合吗？肯定是设计好的！主播时不时回头，他一动就会露出几个字一闪而过。很多观众就守着、等着，看自家孩子感兴趣的架子鼓、编程、足球到底能不能学呢？

一守一等，用户留存时间就被拉长了，平台会继续倾斜流量，直播间进入了正循环。所以，只要你看懂了上面那张图，就知道为什么"直播是一种强算法反馈的场景化表达"。未来的表达，我想一定会更依赖数据、更依赖场景，能不能让听众"一秒入戏"，能不能留住每个人哪怕多1秒？

每个时代的表达，都在朝着更高效的方向迈进。在几百年前，高效表达可能是一场集会；在几十年前，高效表达可能是一档电视节目；而在今天，高效表达可能是一个短视频、一场直播。未来的表达，更需要理解算法、拥抱算法，进而掌握算法、运用算法，与你共勉。

马上就练

你试过对着镜头完成一次表达吗？可以用上迅速提升镜头表现力和感染力的6个小技巧，试着录制一条短视频，找找放松、不刻意的状态，在真实反馈中一起跟上这场不可逆的未来趋势。

时间不用长，1分钟就好，可以是一段面向特定观众的自我介绍，也可以是发给朋友的新婚祝福，还可以是站在白板前的讲解……

愿意尝试进行视频表达，是你打开潘多拉魔盒的钥匙，也是与未来连接的开端。

本章小结

从台下到台上，从镜头外到镜头前，这本书已经陪你走到了亮相的现场。我相信此刻即将站在聚光灯下或者补光灯前的你，已经做好了登场的准备。

回想起我自己的第一次公开表达，文件夹里十几个版本的逐字稿、推翻重来好几遍的PPT、一遍又一遍的"自言自语"……都给了我踏上舞台的底气。只是那个时候，我还不懂开场、互动、台风……也是在一次又一次的"实战"之后，从真实的观众反馈和感受里，才察觉到这些细节，一直走到今天。

说实话，有点"羡慕"你，在此刻就可以将这么多的表达要点打包带走。当然，我想跟你说的是，你不用压力特别大地将每一点都做到滴水不漏，如果一次表达能够做好一个点，得到一点提升，下一次的你就一定会比上一次的你更加优秀。

另外，关于表达的"加分项"有很多，远远不止本章中所展示的内容。最好的加分项，是你将自己的每一次正式表达都当作一次测验，做完后看看有哪些细节是这次做得好，下次可以做得更好的；哪些是这次做得差点意思，下次可以补足的。不断地修正、提升，这就是每个表达高手最高效的进阶之路。

下一章是本书的最后一章。我会告诉你，怎么跨越从"知道"到"做到"的鸿沟。

行动

刻意练习,从现在开始

第九章

刻意练习:让你表达精进的 3 个必经阶段

表达这件事,
还不到拼天赋的地步,
只要你肯多努力,就够了。

我们一直在说,表达的本质是在传递情绪,其实作为一次表达,这本书也一样。如果你回忆一些细节,会发现我一直在试图传递给你一些特定的情绪。

例如,我反复强调,表达这件事并不难,只是需要你对自己多一些觉察。在这本书里提到的很多人,他们在一开始也觉得自己不善表达,完成了一次跨越之后,他们才顿悟:虽然做过很多有成就感的事,但只有你把它说出来,才能算是真正的想明白。

表达跟很多技能类似,易学难精。但在我看来,表达是最能放大个人影响力的那根杠杆。我自己就是一个被表达撬动人生的典型案例。在这本书的开头，我曾经介绍过自己提升表达的几段经历。我从一个小城市来到了大城市，从事一份有挑战性的工作，说实话，最开始我是自卑的。周围的同事要么来自顶级学府，要么有很深厚的背景，以我当时的学历和资历，能进公司总部已经用尽了前二十几年攒下的运气，接下来也只能拼实力了……

当时，我的工作是每周做一份PPT，发在OA（办公自动化系统）上，向全公司汇报项目组的工作成果。也是从那时候起，我把这份工作报告视为借助视觉化工具表达自己的机会。我在公司小有名气之后，总裁的年会发言稿在我进公司的第二年年末被递到了我的手上，在和总裁沟通PPT设计的过程中，我近距离感受了一位有阅历、善韬略的演讲者，是如何把一件有高度的事讲到每个员工心里的。

那次年会结束后，好几位同事端着酒杯和我说，感觉PPT与总裁的发言浑然一体。从此以后，在公司的很多重要场合，会议室的角落里都多了一个属于我的位置。

旁听高层的会议，长久以来对我的提升，是我当时完全无法想象的。那时我觉察到，或许已经找到了自己的杠杆，于是努力向这些懂业务、懂管理也懂人心的前辈学习，如何借用表达来萃取自己，影响他人。如今，在我这个年纪，面对来自四面八方的各种压力，身边很多人会不自觉地流露出负面情绪。有些人会患得患失，认为工作不如意，生活太艰难……会计较每个月比别人少的那几百块钱。

可如果我们能坚持在一项技能上精进，例如学习如何表达，如何与人沟通，如何激励下属，相信得到的红利是巨大且持续的。

1. 找到高手

回想本书前面的内容，你会发现，当讲到很多表达方法时，我会忍不住拿一些高手的表达来做案例。相信你也有了一种感觉：提升表达的重要方法之一，就是向高手学习。

怎样向高手学习呢？首先你要知道高手在哪里，其次要能够感受到高手的厉害之处。虽然有些人天生就有表达的天赋，但我们也可以通过刻意练习来获得。除了视频网站上那些经典的、热门的演讲之外，你的身边也一定有善于调动情绪、感召他人的演讲高手。多和他们交流，拆解他们的方法，相信你也可以源源不断地获得灵感，逐渐形成自己的表达风格。

在这个过程中，你需要不断地去练习，去打磨。就像之前所说的，我见过的所有演讲高手，或许各有各的表达方法，但准备逐字稿、反复修改，是他们的共性。

对我们而言，在重要场合发言，也许一开始也需要从头到尾逐字逐句地准备，但到后来，可能只需要一个大的结构框架、设计一个好的开头，就能完胜身边的表达者。但是，在成为这样的演讲高手之前，对自己"死磕"，在反复练习中寻找体感，可能看起来有点笨，却最有效。

我也厚着脸皮，妄称一次"高手"，如果你想找找灵感，欢迎随时翻开这本书。当你从头再看这些内容的时候，可能又会有好多不一样的"视角"，或许还能从我的写作方法里，印证关于表达的观点。

2. 建立反馈

AlphaGo 为什么能赢顶尖围棋高手，就是因为它能在实战中持续进步，不断优化自己的策略。我们曾经提到过，为自己的表达找到一面镜子，这面镜子可以是给自己录个视频、听听自己的微信语音，也可以是找朋友帮忙，问问他们的反馈和建议。

一个人停止进步，就是从对自己不再有要求的那一刻开始的。身边很多朋友会厌倦自己已经做了很多次自认为很娴熟的工作，希望能做有挑战性的工作，却无意间忽略了把一件事做到极致的巨大价值。

我从演讲小白，到依靠 PPT 制作和培训为生，大概用了 7 年时间；从帮企业策划 PPT 到策划表达、演讲、谈判，只用了 2 年时间。恕我词穷，很难描绘在每个领域遇到的困难，以及跨越山海之后柳暗花明的感觉。这一切怎么获得？很简单，只要每次能对自己要求稍微高一点，就能用反馈促使自己进步。

3. 刻意练习

从发现问题到改正问题，需要多久？我在公司内部做内训讲师时，从 1 小时讲到 2 小时，再到 4 小时——这几乎是内训师的最高授课时长了。可是在回看录像的时候，我越来越难以忍受自己表达的一个缺陷，就是声音没有激情，也没有煽动性。

解决这个问题我用了多少年？从调动情绪开始，到调整精神状态、语音语调，为了让自己讲话音调不那么平，中间还试过练习用讲段子、做互动弥补劣势；再到试着调整语速，用忽快忽慢的方式吸引听众的注意力。前后差不多用了 6 年，才算把表达的轻重缓急变成了肌肉记忆。

表达能力是不是天生的？要说物理、数学、美术拼天赋，我是认可的，但表达这件事，还不到拼天赋的地步，只要你肯多努力，就够了。

这本书的内容已经接近尾声，但关于表达的探索之旅才刚刚开始，期待我们能够一起在表达中找到更多可能性。接下来，针对大家普遍存在的问题，我会再出一些小专题，这些内容会不定期更新至我的公众号"刘哲涛"。希望我们能够在成长的路上，继续陪伴。

愿你能借助这些思维模式，收获更多理念和思考，收获你的精彩人生。

现在出发：从几个小目标开始，踏上你的表达探索之旅

与这个世界不断互动、交换价值，
将是我们一生要为之不断努力的重要课题。

首先，恭喜你看到了这一页。

你可能已经领会了前面章节的内容，逐步习得了诸多表达技能；你可能根据目录的指引来到这里，希望立刻解决令你困惑的难题；或者，你可能只是随意翻阅，无意间翻到了这一页。

无论如何，我希望本书的最后一节能帮助你解决更为具体的表达难题。

一个关于表达的"弹药库",将在你面前展开

我非常期待你能把这本书当作工具书,比如放在办公室或案头,让它成为你的随身表达顾问,给你更多灵感。

你可以根据具体需求,跟随下面的提示,快速且精准地提升你的表达能力。

比如,你将要面对的表达的场合是什么?你希望提升哪些表达的底层能力?你希望让表达的哪些关键环节更加出彩?

我将根据这些维度,列出建议你重点阅读参考的小节,作为你学习的指南或者复习的提纲,助力你完成每一次表达。

期待见证你一个又一个高光时刻。

第一个维度:表达的场合

你接下来面对的场合是什么?工作汇报?对外提案?销售成交?还是文化激励?

(1)工作汇报。所有汇报的最终目的,都是帮助更高层决策者完成下一步具体决策。

对汇报人而言,更为切实的目的,可能是展示成绩以获得更多资源,还可能是影响一件事的最终走向。

我希望你首先认清的现实是,汇报必然会伴随着"审视感",就是听众可能会带着本能的质疑,听取你的汇报内容:你这是王婆卖瓜吧?这业绩算出色吗?真有这么厉害吗?我不信……

第一步,与听众统一立场,目的是通过开头几分钟,迅速绑定利

益关系，绕开"审视感"。推荐你阅读下面几个小节：

找到理由：同人不同命？不要放弃你的解释权

统一立场：找到 Why，让你的表达与听众利益相关

利他主张：把你要说的，变成他想问的

第二步，搭建内容结构框架，转换语言切入角度，善用洞察模式：不是"快看我多么厉害"，而是"我告诉你，我发现了不得了的事"。

洞察先行：说服的最高境界，是引领思考

信息结构：顺应听众思考，找到内容的相关性

【案例分析】怎么找到你结构框架里的"第一个问题"

第三步，思考如何面对可能的分歧，怎样提出更容易触发行动的"好建议"。

正向暗示：情商，就是处理"差异"的能力

提出建议：记住这三句万能管理沟通口诀

（2）对外提案。提案，就是提出你的想法、提出行动方案。其实在工作汇报中，我们也会提出对未来的想法和行动建议，我在这里定义的提案，更侧重外部合作，更商业化。

怎样做好一次提案？在汇报的基础上，还需要再强化、叠加一些细节，比如评估损失、量化收益、匹配双方的价值观……建议阅读以下几节内容。

首先，能否最快地切入反常，能否善用类比，决定了一次演讲表达能否高效地击穿对方的心理防线。

切入反常：没有反常的表达，只是正确的废话

【案例分析】把未知变成已知，需要统一的度量衡

设计开场：掌控演讲开场 5 分钟，你就成功了一多半

其次，促成改变，必须营造身份认同感、量化损益、铺设行动路径。

营造向往：最动人的激励，是"你希望成为什么人"

看见损失：行业之光苹果，为什么会被小白群嘲

接受容易：再远的路，也可以拆解成每一步

最后，建立合作的关键在于"我懂你"，要展现出双方价值观的融合和匹配。

凝聚共识：让使命、愿景、价值观，触手可及

（3）销售成交。销售成交最核心的，我认为是两个方面：关系、价值。

销售演讲是离结果最近的演讲，当然也是最难的演讲，对能力的要求最为全面，建议你在工作汇报和对外提案的基础上，先阅读下面这一节，建立全局意识。

成交演讲：销售转化的关键，是放大信任、升级需求

有意识地锻炼提问和引导的能力，销售高手并不会一味地回答对方的问题,而是想方设法让对方回答他的问题。

  认知协调:达成共识的关键,是获得承诺
  提问引导:好的提问可以引导话题,摆脱负面情绪

销售高手善用感性加持,借助讲故事传递观点。

"我们的产品特别好",这是观点,而"我有好几个客户,都是货比三家之后,选择了跟我们合作",这句话就是故事。二者表达的是相同的观点,后者却更让人觉得可信。

  情绪驱动:相同的事实和道理,却有不同的"情绪"
  促成改变:过不好这一生,是"道理"的问题吗
  生动演绎:事实–感受–评价,三位一体的演绎法

最后,种一个心锚,用"只要……就……"的句式,将你的观点和主张烙印在听众的脑海中。

  种下心锚:为即将到来的改变,念一句"咒语"

(4)文化激励。文化,是在群体中形成的"行动共识"。

如果你希望让组织内伙伴的所思所想更加同频,或者你是公司文化的宣传者,请感受一下这句话:宣扬公司文化,重要的不是讲好创始人的故事,而是帮员工讲好他们自己的故事。

创始人的故事,不是为了让员工顶礼膜拜,而是为了帮他们成为更好的自己。

怎么做呢?第一步,转换演讲视角。

自我视角：我们身处的时代，鼓励个人化表达

展现情绪：拉近距离的最好方式，是展示你自己

亲历视角：平淡无奇，是因为你需要一次"时空穿越"

身临其境：穿越回情绪源头放下全知全能

第二步，讲好经历和故事。

表述观点：没有故事的价值观，只是无聊的说教

素材灵感：讲出曾经影响过你的"关键时刻"

生动演绎：事实–感受–评价，三位一体的演绎法

第三步，直击人心、升华意义感。

真实具体：你知道的和你以为他知道的，是两件事

凝聚共识：让使命、愿景、价值观，触手可及

第二个维度：提升表达的底层能力

能够静下心阅读本书，你一定对自己有许多期待，你希望通过本书提升自己哪方面的能力？我简单列出了四个大方向：逻辑结构、关键说服、共情互动、掌控舞台。

（1）逻辑结构。什么是逻辑？逻辑是找出事物之间的相关性，再细分一层，是拆解事物背后的"颗粒度"，厘清关键要素的"优先级"。

颗粒度是指一件事是由哪些部分、环节构成的；优先级则是指在这些要素中，哪个最重要，谁是谁的基础、大前提。

下面列出的内容可以帮你优化表达的逻辑。首先，找到 Why，

Why 是一件事的出发点，可以是动机、目标、价值观、大方向。

　　找到理由：同人不同命？不要放弃你的解释权

　　统一立场：找到 Why，让你的表达与听众利益相关

其次，试着把你要讲的内容变成听众心中的若干问题，串联起来讲明白，这就是最好的逻辑结构基础。

　　利他主张：把你要说的，变成他想问的

　　认知协调：达成共识的关键，是获得承诺

　　信息结构：顺应听众思考，找到内容的相关性

最后，找到促使听众发生改变所必须具备的 4 个预期要素——反常、向往、损失、容易，并讲清楚。

　　切入反常：没有反常的表达，只是正确的废话

　　营造向往：最动人的激励，是"你希望成为什么人"

　　看见损失：行业之光苹果，为什么会被小白群嘲

　　接受容易：再远的路，也可以拆解成每一步

（2）关键说服。说服的背后，同样必须先统一立场、串联问题、满足预期，所以"逻辑结构"中提及的话题，是说服的基础。

　　此外，一个人之所以能够被说服，还因为他的情绪被击中了。能说服一个人的，肯定不是大道理，而是能帮他看到自己、看清未来的故事。

　　洞察先行：说服的最高境界，是引领思考

提问引导：好的提问可以引导话题，摆脱负面情绪

促成改变：过不好这一生，是"道理"的问题吗

表述观点：没有故事的价值观，只是无聊的说教

素材灵感：讲出曾经影响过你的"关键时刻"

生动演绎：事实–感受–评价，三位一体的演绎法

（3）共情互动。所有行为改变的背后，都一定触发了底层情绪。而"共情力"，就是可以触发这种情绪的能力。

我们知道情绪很重要，可不知道如何调动，也拿不准在一些很严肃的场合（比如年终总结）要不要调动、怎样调动。由于洞察情绪、借助情绪促成改变非常重要，所以这部分的内容较多。

首先，用跟对方相同的经历去建立情感体验，是你影响对方的关键。

自我视角：我们身处的时代，鼓励个人化表达

展现情绪：拉近距离的最好方式，是展示你自己

亲历视角：平淡无奇，是因为你需要一次"时空穿越"

身临其境：穿越回情绪源头，放下全知全能

其次，努力去跟对方统一立场、绑定利益关系。

统一立场：找到 Why，让你的表达与听众利益相关

洞察先行：说服的最高境界，是引领思考

认知协调：达成共识的关键，是获得承诺

提问引导：好的提问可以引导话题，摆脱负面情绪

利他主张：把你要说的，变成他想问的

关于情绪的话题，我们专门用几大章，从不同角度做了详细的论述。

第三章，成为高情商的人，表达的底线是"不冒犯"。"和而不同"是涵养，也是能力。

底层动机：难忘的人，一定给过你特别的"情绪"
情绪驱动：相同的事实和道理，却有不同的"情绪"
使命召唤：是什么让你愿意不断努力，成为更好的自己
坚定真诚：剥离情绪的表达，不会让你显得更专业
正向暗示：情商，就是处理"差异"的能力

第五章，成为能用经历和故事表达观点、影响别人的人。

表述观点：没有故事的价值观，只是无聊的说教
素材灵感：讲出曾经影响过你的"关键时刻"
生动演绎：事实－感受－评价，三位一体的演绎法
商业故事：带领听众一起，打破人心和认知的边界

第六章和第七章，强化表达的技巧，找到能迅速触动情绪的方法。

真实具体："你知道的"和"你以为他知道的"，是两件事
成为第一：瞬间占领听众心智的最佳捷径
赋予意义："你学的不只是表达，更是美好人生算法"

听觉之锤：提起一部电影，你先想起情节还是角色

金句节奏：不是所有的"名人名言"，都叫金句

（4）掌控舞台。当你面对一个陌生场合时，是否可以驾驭自如？

站上舞台，一个人的发挥和表现跟日常沟通有很大不同，首先需要克服紧张、缓解不适感。

拥抱紧张：紧张的情绪，有时并不需要被"克服"

然后掌握一些临场技巧：怎样开场、要不要提词器、怎么互动、讲段子、练习眼神和手势。

设计开场：掌控演讲开场5分钟，你就成功了一多半

讲稿提词：做万全准备，却视之浑若无物

现场互动：好的互动，是"你想到了，我还没说"

段子调侃：幽默的来源，是预期的合理错配

舞台台风：百般演练，不如提前录制视频

舞台型演讲对我们提出了更高要求——引发二次传播、促成成交转化，推荐这两节供你进阶阅读。

二次传播：爆款的背后，是将传播变成了解决方案

成交演讲：销售转化的关键，是放大信任、升级需求

如果你与观众打交道的方式，是透过镜头录制一个视频，还可以去看看这一节，相信你很快就能上手。

网红思维：怎样提升视频表现力和感染力

第三个维度：表达的几个关键环节

如果你在组织一次演讲表达的内容时，某个环节遇到了阻力——比如开场引入、抛出论点、展现论据、总结收尾，突然没了灵感、不知道该如何进行下去，本部分内容可以供你参考。

（1）开场引入。一次演讲，开头的难点在于要迅速借助和听众的共识，去建立共同的情绪体验（共情）。具体的方法，可以用场景引入、阐述意义，或者做出解释引向行动。

设计开场：掌控演讲开场5分钟，你就成功了一多半

亲历视角：平淡无奇，是因为你需要一次"时空穿越"

身临其境：穿越回情绪源头，放下全知全能

洞察先行：说服的最高境界，是引领思考

【案例分析】找对"话题"，你就成功了一半

【案例分析】怎么找到你结构框架里的"第一个问题"

接下来，引领听众继续跟随你，渐入佳境。

自我视角：我们身处的时代，鼓励个人化表达

展现情绪：拉近距离的最好方式，是展示你自己

找到理由：同人不同命？不要放弃你的解释权

（2）抛出论点。该如何提出你这次演讲表达的主旨？

首先，最关键的，是你要定义一个对自己有利的话题。定义好了话题，就掌控了话语权和主动权。

比如，如果你介绍一所学校历史多么悠久、治学多么严谨……听

众会觉得这是在自夸，而本能地抗拒；可如果你定义一个新问题"我们是如何通过课程体系设计，帮学生找到未来发展方向的？"听众可能会很感兴趣，而从对抗变成好奇。

统一立场：找到 Why，让你的表达与听众利益相关

利他主张：把你要说的，变成他想问的

【案例分析】找对"话题"，你就成功了一半

即便是讲同一件事，话题的不同也决定了对方感兴趣的程度以及你能否在竞争中脱颖而出。如何定义话题？下面的内容会对你有帮助。

坚定真诚：剥离情绪的表达，不会让你显得更专业

成为第一：瞬间占领听众心智的最佳捷径

赋予意义："你学的不只是表达，更是美好人生算法"

（3）展现论据。表达者不能跳过"体验"去谈"认知"，观点要用故事和经历来佐证，否则只是空洞的"大道理"。

素材、案例、故事那么多，怎样组织这些信息，才能更加深入人心呢？

首先，展开观点是在修炼讲故事的能力。

表述观点：没有故事的价值观，只是无聊的说教

素材灵感：讲出曾经影响过你的"关键时刻"

生动演绎：事实-感受-评价，三位一体的演绎法

商业故事：带领听众一起，打破人心和认知的边界

其次，能量化损益，才能立住、立稳，让听众倍感可信。

信息结构：顺应听众思考，找到内容的相关性

切入反常：没有反常的表达，只是正确的废话

营造向往：最动人的激励，是"你希望成为什么人"

看见损失：行业之光苹果，为什么会被小白群嘲

接受容易：再远的路，也可以拆解成每一步

最后，用提问引导听众一步步认可观点，为你拍手叫好。

认知协调：达成共识的关键，是获得承诺

提问引导：好的提问可以引导话题，摆脱负面情绪

（4）总结收尾。怎样为表达设计一个漂亮的结尾？重点在于强有力的行动指向，为听众种下心锚、留下深刻的印象。

种下心锚：为即将到来的改变，念一句"咒语"

听觉之锤：提起一部电影，你先想起情节还是角色

如果你能让"传播"这个动作本身成为缓解听众焦虑的"解决方案"，就能让听众自发成为传播者。

金句节奏：不是所有的"名人名言"，都叫金句

二次传播：爆款的背后，是将传播变成了解决方案

以上，就是我试着从3个不同维度，帮你对内容重新做的梳理。如果你对未来在各种场合下的表达思路有了更多的理解和把握，甚至已经跃跃欲试，我将不胜荣幸。期待你更多的表达实战！

就一本书而言，到此已经接近尾声。我相信，对外发声，与这个世界不断互动、交换价值，将是我们一生不断努力的重要课题。未来，我还要再在这条路上持续探索，相信你也是。如果你认为我关于商业表达的思考对你还算有帮助，我们还可以通过很多方法保持交流。欢迎关注公众号"刘哲涛"、视频号"刘哲涛"，我将在这里分享最新的思考，期待你的留言互动。

如果你在阅读本书的过程中，有突然想要与我交流的话题，比如对内容、对每个小节的"马上就练"有独到见解；或者你临近登台，还有一些很关键的细节拿不准，希望获得启发；又或者在你完成一次表达后，心中还存在着想要更好的期许……都欢迎你扫描下方二维码添加我的微信。

期待能陪伴你的每一次演讲表达，让我们持续精进，且歌且行。

刘哲涛

微信扫描二维码，关注我的公众号

推荐阅读

关键跃升：新任管理者成事的底层逻辑

从"自己完成任务"跃升到"通过别人完成任务"，你不可不知的道理、方法和工具，一次性全部给到你

底层逻辑：看清这个世界的底牌

为你准备一整套思维框架，助你启动"开挂人生"

底层逻辑2：理解商业世界的本质

带你升维思考，看透商业的本质

进化的力量

提炼个人和企业发展的8个新机遇，帮助你疯狂进化！

进化的力量2：寻找不确定性中的确定性

抵御寒气，把确定性传递给每一个人

进化的力量3

有策略地行动，无止境地进化

进化的力量4

直击老龄化、AI、出海等六大领域的难题
在挑战中发现机遇，在逆境中实现突破